Johann Lafer kocht

Johann Lafer kocht

FALKEN

Inhaltsverzeichnis

Vorwort 7

Einleitung 8

Frühling 16
Vorspeisen 18
Hauptgerichte 26
Nachspeisen 42

Sommer 52
Vorspeisen 54
Hauptgerichte 60
Nachspeisen 78

Herbst ____________ 86

Vorspeisen ______ 88

Hauptgerichte ___ 98

Nachspeisen _____ 116

Winter ____________ 124

Vorspeisen ______ 126

Hauptgerichte ___ 134

Nachspeisen _____ 150

Rezept-
verzeichnis _____ 158

Vorwort

Liebe Kochfreunde und „Heimgourmets“

nachdem ich schon seit einigen Jahren in der Fernsehsendung „Johann Lafer kocht“ im Südwestfunk meine besten Kreationen verrate und immer wieder von der großen Nachfrage nach den Rezepten überrascht werde, habe ich in diesem Buch die beliebtesten Rezepte für Sie zusammengestellt.
Neben Rezepten aus den bereits gesendeten Folgen ist ein Großteil der Kreationen aus den neuen Folgen enthalten. Die Aufteilung der Rezepte nach Jahreszeiten gibt Ihnen dabei Tips, welches Gericht sich in welcher Saison besonders gut zubereiten und essen läßt. So haben Sie das ganze Jahr über die Möglichkeit, meine kulinarischen Spezialitäten nachzukochen.
Dies entspricht auch meiner Auffassung von einer guten häuslichen Küche: klassische Gerichte mit Pfiff, die sich durchaus zuhause nachkochen lassen. Die Krönung eines Gerichtes sind nicht die extravaganten Zutaten, sondern die Raffinesse beim Zubereiten und die Abstimmung der Zutaten aufeinander.
Durch die bei den Rezepten stehenden Tips aus der Profiküche zum Einkauf und zur Verarbeitung von Lebensmitteln möchte ich Ihnen meine langjährigen Erfahrungen als Koch weitergeben.
Zusätzlich erhalten Sie in der Einleitung des Buches wichtige Hinweise auf das richtige Handwerkszeug, wie Töpfe, Pfannen, Messer & Co., und nicht zu vergessen – den Herd. Mehr Tricks kann ich Ihnen allerdings nicht verraten, ein bißchen sollen auch Sie kreativ sein.
Ich wünsche Ihnen nun viel Spaß beim Nachkochen meiner Rezepte, die ich sonst meinen Gästen auf Johann Lafer's Stromburg in 55442 Stromberg serviere, und weiterhin viel Freude an meiner Sendung „Johann Lafer kocht“.

Gutes Gelingen und guten Appetit wünscht Ihnen

Johann Lafer

Einleitung

Gute Küchengeräte sind genauso wichtig wie frische Zutaten, denn ohne sie gelingt auch der saftigste Braten und die raffinierteste Sauce nicht. Vor allem bei den Kochtöpfen, Pfannen, Messern und dem Herd, die die in der Küche am häufigsten benutzen Utensilien sind, sollten keine Kompromisse eingegangen werden. Auf gute Qualität sollte Wert gelegt werden – es zahlt sich aus!

Töpfe, Pfannen und viel mehr...

Beim Kauf der Töpfe sollte grundsätzlich auf rostfreies Material und stabile Verarbeitung des gesamten Gefäßes sowie der Griffe und Deckel geachtet werden. Die Griffe dürfen nicht wärmeleitend sein, damit man sich beim Anfassen nicht daran verbrennen kann. Der Boden der Töpfe und Pfannen sollte mindestens 2, besser 3 mm dick sein. Optimal sind extra verstärkte Topfböden, wie zum Beispiel der WMF TransTherm-Boden. Er gewährleistet, daß die Wärme gleichmäßig verteilt wird.

Edelstahl ist ein hervorragendes Material, das sich für alle Garmethoden bestens eignet. Weiterhin gibt es noch Emaille, Gußeisen, Kupfer, Aluminium, Glas und Porzellan. Sie alle haben Vor- und Nachteile, bieten jedoch nicht so eine ideale Kombination von Kocheigenschaften wie das Edelstahlgeschirr.

Ein weiterer zu beachtender Punkt beim Kochgefäßkauf ist das Ineinanderpassen der Teile und die gute Stapelbarkeit der Töpfe. So wird jede Küche optimal organisiert.

Welche Töpfe für einen Haushalt gewählt werden, hängt natürlich entscheidend von der Größe des Haushaltes und von den Kochgewohnheiten ab. Einige Standardtypen für die unterschiedlichen Garmethoden sollten jedoch in jeder Küche vorhanden sein:

Für das Braten von Fleisch oder Gemüse eignen sich eher flache Töpfe oder Pfannen. Sie haben einen großen Boden und relativ niedrige Seitenwände. So erhitzt sich der Boden schnell und gibt die für das rasche Anbraten nötige Hitze an das Bratgut weiter.

Beschichtete Pfannen sind besonders für empfindliche Gerichte wie Eierspeisen, Fisch und Geflügel geeignet.

Sie dürfen nicht so hoch erhitzt werden, und das Bratgut wird bereits bei mittlerer Temperatur hineingegeben. Sie werden vor allem für das Garen mit weniger Fett verwendet. Alle Gerichte, die eine knusprige Oberfläche bekommen sollen, werden ohne Deckel angebraten und zuende gegart. Bei dieser Technik geht nur vom Boden des Gefäßes Hitze auf das Fleisch oder das Gemüse über. Überschüssige Flüssigkeit verdampft. Auf diese Weise bereitet man beispielsweise Bratkartoffeln, Rösti, kurzgebratenes Fleisch und Paniertes zu.
Das Braten mit Deckel verkürzt die Garzeit, und der Deckel dient als Spritzschutz. Manche Pfannen besitzen sogar Deckel mit regelbarem Dampfabzug. Mit seiner Hilfe kann der Feuchtigkeitsgehalt

um das Gargut genau bestimmt werden. Dieses „Garen im feuchten Milieu“ ist ideal für größere Bratenstücke und Geflügel.
Die Größe der Pfanne wird durch das jeweils zu garende Lebensmittel bestimmt. Wichtig ist, daß die Pfanne beziehungsweise der Topf weder zu voll noch zu leer ist. In überfüllten Bratgefäßen sinkt die Temperatur zu sehr ab, und die Lebensmittel werden ungleichmäßig angebraten. Dadurch kommt es häufig dazu, daß beispielsweise Fleischsaft austritt und ein Gericht trocken wird. Ist eine Pfanne dagegen nur zu einem kleinen Teil mit Fleisch gefüllt, so überhitzt sie sich an den restlichen Stellen, und das Bratfett kann schnell verbrennen.
Zum Kochen von Suppen, Saucen, Fleisch, Fisch, Gemüse, Kartoffeln, Reis und Nudeln werden Kochtöpfe in verschiedenen Größen verwendet. Es sind sowohl sehr kleine Töpfe mit etwa 1 l Inhalt sowie große Töpfe mit einem Inhalt bis über 5 l im Handel. Am besten eignen sich Töpfe mittlerer Größe (1,5 – 3 l), was einem Durchmesser von 16-20 cm entspricht. Auch bei diesen Gefäßen ist auf die gute Verarbeitung, die gut schließenden Deckel, die nicht wärmeleitenden Griffe und die anderen, schon weiter vorne aufgeführten Aspekte zu achten.

Ein ausbaufähiges Topfsortiment ermöglicht ein auf persönliche Kochgewohnheiten abgestimmtes Zusammenstellen der Kochgeräte. So ist beispielsweise das vitaminschonende Garen von empfindlichen Lebensmitteln im Dünsteinsatz möglich. Es sollte beim Kauf dieses Einsatzes darauf geachtet werden, daß er optimal in den verwendeten Topf paßt. Eine gute Kombinationsmöglichkeit bietet hier das WMF Topstar System.
Neben dem schon beschriebenen Dünsteinsatz können im Wasserbadeinsatz zum Beispiel Kuvertüre, warm aufgeschlagene Saucen und Cremes erhitzt werden. Durch die genaue Abstimmung der Gefäßgrößen aufeinander kommt es nicht zum Überlaufen des Wassers. Die innere Schüssel braucht nicht festgehalten zu werden, und der gesamte Vorgang des Erwärmens über einem Wasserbad verläuft erheblich einfacher als bisher gewohnt.
Zum kurzen Vorgaren von Zutaten wird die Blanchiertechnik verwendet. Das Gargut, vor allem Gemüse, wird genau so lange in einem Sieb in kochendes Wasser gegeben, bis es fast gar ist. Anschließend wird es in kaltem Wasser abgeschreckt um ein Weitergaren zu verhindern. Besonders einfach kann dieser ganze Vorgang in einem in den Topf passenden Siebeinsatz (zum Beispiel im Feinbrühsieb) durchgeführt werden. Das Blanchieren erhält die Farbe des Gemüses, schont Vitamine und vereinfacht das bißfeste Garen von Lebensmitteln unterschiedlicher Konsistenz.
Für manche Gerichte werden spezielle Geräte angeboten, wie zum Beispiel

Nudel- und Spargeltöpfe, Bräter, Fischpfannen und Grillpfannen.
Wer besonderen Wert auf die schnelle, energie- und nährstoffschonende Zubereitung von Speisen legt, sollte die Anschaffung eines Schnellkochtopfes in Erwägung ziehen.
In ihm ist es möglich, bis zu 70 % der Zeit und 40 % der Energie gegenüber dem herkömmlichen Kochen einzusparen.

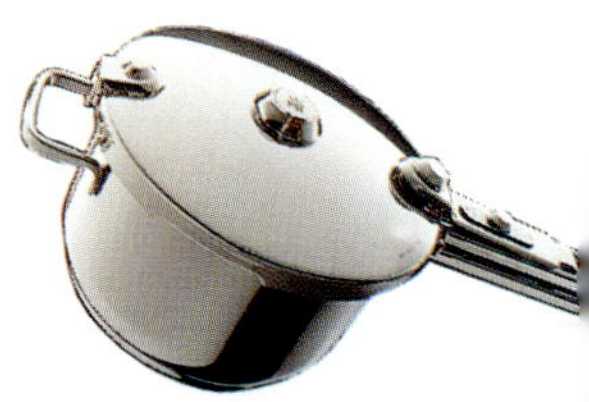

Messer, Schäler und Co.

Gute Messer und praktische Küchenhelfer, wie Schneebesen, Schaumlöffel, Küchenreiben, Spritzbeutel und vieles mehr, erleichtern das Verarbeiten der Lebensmittel sehr. Man braucht sie täglich, daher

sollten sie stabil und funktionstüchtig sein. Die Anschaffung qualitativ hochwertiger Produkte zahlt sich bei diesen Küchenartikeln in jedem Fall aus.
Beim Kauf von Messern sollte auf geschmiedete Klingen geachtet werden. Sie sind qualitativ hochwertiger als gestanzte Messer. Die Klinge soll ohne Rillen und Fugen in den Schaft übergehen, da sich an diesen Stellen sonst schnell Schmutz ablagert, der schwierig zu entfernen ist. Messer müssen gut in der Hand liegen und einen Fingerschutz am Griff haben, der das Abrutschen der Finger in die Klinge verhindert.

Nach dem Kauf sind praktisch alle Messer scharf, billigere Produkte werden jedoch schneller stumpf und lassen sich kaum nachschleifen. Eine höhere Qualität zahlt sich dadurch auf lange Zeit gesehen in jedem Fall aus.
Damit Messer scharf bleiben, sollten sie nicht in der Spülmaschine gewaschen werden. Weiterhin sollte man nicht auf Stein oder Metall schneiden und muß die Klingen bei der Aufbewahrung vor dem Aneinanderreiben schützen. Ist ein Messer nach längerem Benutzen doch stumpf geworden, kann es mit einem Wetzstahl wieder geschärft werden. Wichtig ist, daß das Messer fast parallel am Stahl vorbeigeführt wird. Beim Schärfen braucht die Klinge mit der ganzen Messerlänge nur mit sanftem Druck am Stahl entlanggeführt zu werden.

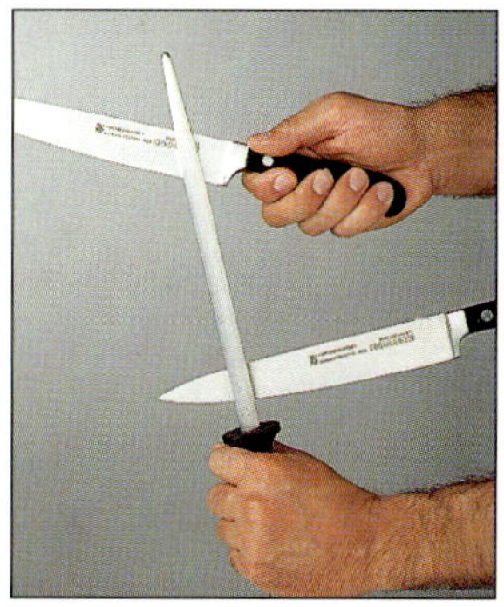

Messer gibt es in unterschiedlichen Größen, Formen und Beschaffenheiten. Praktisch für jede Gelegenheit kann ein spezielles Messer verwendet werden. Für den normalen Haushalt bietet sich die Anschaffung eines Gemüsemessers, eines Fleischmessers, eines Kochmessers und eines Schinkenmessers an. Welche weiteren Messer benötigt werden, ergibt sich beim täglichen Gebrauch. Es gibt Spezialmesser, wie Ausbeinmesser, Filiermesser, Spickmesser, Tomatenmesser und viele andere mehr.
Neben Messern spielen auch Schäler, Apfelausstecher, Knoblauchpressen,

Canapéausstecher, Zestenreißer, Juliennereißer, Kugelausstecher und andere Spezialgeräte eine Rolle in der Küche. Die Anschaffung dieser Geräte lohnt sich immer, wenn gerne und ausgefallen gekocht wird. Nicht zu vergessen sind die nützlichen Küchenhelfer, die viele Arbeiten erleich-

tern. Dazu gehören Schneebesen, Schneidbretter, Teigspachtel, Kartoffelpresse, Schaumkellen, Siebe und noch viel mehr. Bei allen Geräten sollte auf beste Qualität geachtet werden, damit die Freude am Kochen nicht durch falsches oder funktionsuntüchtiges Handwerkszeug getrübt wird.

Mit dem richtigen Herd auf dem Weg zum Erfolg

Die Vor- und Nachteile von Gas- und Elektromulden sind hinlänglich bekannt. Eine neue Technologie auf dem Gebiet der Kochstellen, das Induktionskochen, kombiniert in idealer Weise die Vorzüge beider Herdarten. Induktionsfelder wie zum Beispiel das VITRAMIC®-Kochfeld von AEG werden mit Strom betrieben, erhitzen das Kochgut sehr schnell, sind energiesparend und bequem zu reinigen. Durch elektromagnetische Felder wird bei dieser Technik nur der Topfboden erhitzt, das übrige Kochfeld dagegen bleibt, wie auf dem Foto zu sehen, kalt. Überkochende Flüssigkeit kann nicht einbrennen, es wird keine Energie durch Wärmeabstrahlung verloren, und die Induktionsspulen heizen nur dann, wenn ein Stahlemail- oder Gußeisengefäß daraufsteht. Die Menge der Energieabgabe des Gerätes richtet sich jeweils nach der Größe des Topfes oder der Pfanne. Das Kochfeld denkt also praktisch mit, und die Entwicklung dieser „schnellsten Art zu kochen" bringt ungeahnten Fortschritt in die Küche.
Wenn auf gute Qualität bei Töpfen und Pfannen, Messern und anderen Küchenhelfern sowie beim Herd geachtet wird, steht dem Spaß am Kochen bestimmt nichts mehr im Wege.

Zu guter Letzt...

Damit auch beim Nachkochen der Rezepte nichts mehr schiefgehen kann, hier noch einige Hinweise:
Die Zeitbegriffe bei den Rezepten sollen helfen, den Arbeitsaufwand besser einschätzen zu können. Da zum Teil komplette Hauptgerichte mit Beilagen beschrieben werden, zum Teil aber auch nur ein Fleischgericht oder eine Suppe,

lassen sich die beiden Kategorien „geht schnell“ und „braucht Zeit“ nicht auf genaue Minutenzahlen festlegen. Generell kann man davon ausgehen, daß eine Komponente, die nur etwa 30 Minuten zur Zubereitung benötigt, „schnell geht“, ein komplettes Gericht, das sich in 45 Minuten kochen läßt, auch noch zur Kategorie „geht schnell“ gehört. Rezepte, die länger dauern, gehören jeweils der Rubrik „braucht Zeit“ an.
Zeit- und Temperaturangaben bei den Rezepten beziehen sich auf normale Backöfen. Falls Sie mit Gas oder Umluft arbeiten, rechnen Sie die Werte bitte entsprechend den Herstellerangaben um.

Die Abkürzungen

TL	=	Teelöffel
EL	=	Eßlöffel
Msp.	=	Messerspitze
g	=	Gramm
kg	=	Kilogramm
ml	=	Milliliter
l	=	Liter
°C	=	Grad Celsius
TK-...	=	Tiefkühl-...
Ø	=	Durchmesser
ca.	=	circa

Das Induktionskochfeld von AEG erlaubt eine sehr schnelle und temperaturgenaue Zubereitung. Es erhitzt nur, was warm werden soll. Diese Technik ermöglicht effektivstes Kochen.

Ein Blick hinter die Kulissen

Unsere Kamera, die von oben in die Töpfe schaut und auf der das „Brutzel-Mikrofon" installiert ist – jenes Mikro, das für alle Brat- und Kochgeräusche besonders empfindlich ist.

Was hinterher so perfekt aussieht, braucht eine ebenso perfekte Vorbereitung: jeder Schritt der Aufzeichnung wird minutiös vorbereitet.

Bis zu 25 Frauen und Männer sind im Hintergrund nötig, um jeden Tag zwei Folgen „Johann Lafer kocht" abzudrehen. Eine unersetzliche Hilfe: Rainer Mitze (rechts neben Johann Lafer), der die Gerichte nicht nur vorbereitet, sondern auch als „Supervisor" über die Aufzeichnung wacht.

Aufnahmen auf Feld und Acker zeigen, wo unsere Lebensmittel überhaupt herkommen.

Warenkunde ist ein fester Bestandteil der Sendung. Dazu gehören auch Informationen aus erster Hand, z. B. vom Bauern, der die Produkte anbaut.

Schönheit kommt nicht nur von innen: Maske mit Puder und Tupfer ist unerläßlich, auch bei Männern…

Hinweise zur Fernsehsendung

Sendungstitel:
„Johann Lafer kocht“

Sendeplatz:
ARD – im Vorabendprogramm

Sendetermine:
jeden Mittwoch um 17.40 Uhr

F · r · ü · h

· l · i · n · g

geht schnell

6 Personen

Aufgeschlagene Kräutersuppe

3 EL Salzbutter
60 g Schalotten, fein gehackt
1 Knoblauchzehe, fein gehackt
700 ml Geflügelfond
200 g Sahne

Die Salzbutter in einem Topf erhitzen, darin die Schalotten und den Knoblauch anbraten und anschließend den Geflügelfond und die Sahne angießen. Die Flüssigkeit etwas einkochen lassen.

75 g Spinat
150 g gemischte, geputzte Kräuter (z.B. Petersilie, Kresse, Estragon, Schnittlauch, Dill, Kerbel, Sauerampfer etc.)
Salz, Cayennepfeffer
geriebene Muskatnuß
2 Eigelb

Die Spinatblätter putzen, waschen und kleinhacken. Sie mit den gewaschenen Kräutern in einen Mixer geben. Die leicht eingekochte Flüssigkeit dazugeben und alles fein mixen, die Gewürze dazugeben und die Suppe damit abschmecken.

Die Eigelbe in einen Topf geben, den gemixten Kräuterschaum daraufgießen, alles mit einem Schneebesen verrühren und unter ständigem Rühren mit dem Schneebesen erhitzen, bis die Suppe leicht dickflüssig wird (auf keinen Fall kochen).

6 schöne Scheiben gekochter Schinken, dünn geschnitten
6 kleine Kerbelsträußchen

Die Suppe in tiefe Teller geben, die Schinkenscheiben darauflegen und alles mit den Kerbelsträußchen garnieren.

geht schnell

Crostini mit Bärlauch-Frischkäse

4 Personen

125 ml Olivenöl
2 Knoblauchzehen, fein gehackt
16 Scheiben Baguette

Das Öl und den Knoblauch im Mixer oder mit dem Pürierstab fein mixen. 4 Eßlöffel dieser Mischung in einer Pfanne erhitzen und 4 Baguettescheiben von beiden Seiten goldgelb darin anbraten. Das Ganze mit dem restlichen Öl und den Brotscheiben in der gleichen Weise durchführen.

4 EL Quark
100 g Doppelrahmfrischkäse
60 g Speckwürfel, kroß angebraten
4 Blatt Bärlauch, fein geschnitten
Salz, Pfeffer

Den Quark zusammen mit dem Frischkäse glattrühren. Den Speck und den Bärlauch zur Quark-Käse-Mischung geben und alles mit Salz und Pfeffer würzen.

16 kleine Kopfsalatblätter
80 g roher Schinken, ganz dünn geschnitten
16 Radieschen, in Scheiben geschnitten
4 Zweige Kerbel

Die gerösteten Baguettescheiben mit dem Salat und dem Schinken belegen, den Frischkäse mit einem Spritzbeutel auf das Brot spritzen und das Ganze mit Radieschen und Kerbel garnieren.

geht schnell

6 Personen

Salat aus rohem Spargel mit Hähnchenbrust und Basilikumvinaigrette

500 ml Geflügelbrühe
1 Lorbeerblatt
5 Pfefferkörner
1 Zweig Thymian
Salz
6 Hähnchenbrustfilets

Geflügelbrühe, Lorbeerblatt, Pfefferkörner, Thymianzweig und Salz in einen Topf geben. Das Fleisch darin etwa 9 Minuten dünsten und anschließend zugedeckt warm halten.

500 g grüner Spargel
60 g Schalotten, fein gehackt
1 Karotte, fein gewürfelt
1 Bund Basilikum, in Streifen geschnitten
150 ml Traubenkernöl
100 ml Balsamico

In der Zwischenzeit den Spargel waschen, an den unteren Enden schälen und etwas abschneiden. Die Stangen anschließend in sehr dünne Scheiben schneiden.
Aus den übrigen Zutaten eine Vinaigrette herstellen und die Spargelscheiben hineingeben. Den Salat gut mischen und einige Minuten ziehen lassen.

Salz, Pfeffer
etwas Kerbel

Den Spargelsalat auf Tellern anrichten, die Hähnchenbrustfilets in Scheiben schneiden und darauf legen. Diese ebenfalls mit der Vinaigrette beträufeln, Salz und Pfeffer aus der Mühle darüber streuen und mit frischem Kerbel garnieren.

Mein Tip

Spargel enthält sehr viele Mineralstoffe und Vitamine (der grüne noch mehr als der weiße), hat aber einen sehr geringen Kaloriengehalt. Er ist daher hervorragend für leichte Gerichte geeignet.
Am besten verwenden Sie Spargel während der deutschen Erntesaison, die traditionsgemäß bis zum 24. Juni dauert. In dieser Zeit können Sie die besten Qualitäten kaufen. Achten Sie beim Einkauf auf geschlossene Köpfe, frische, nicht verholzte Schnittflächen und feste Stangen. Je frischer der Spargel ist, desto besser schmeckt er. Zur Lagerung empfiehlt es sich, ihn in ein feuchtes Tuch einzuschlagen.

gehtschnell

4 Personen

Marinierter Eisberg-Löwenzahn-Salat mit Shrimps und Parmesan

1 Eisbergsalat
2 Köpfe Löwenzahnsalat

Den Eisbergsalat in kaltem Wasser waschen, trockenschleudern und in grobe Stücke zerteilen.
Den Löwenzahnsalat putzen, ebenfalls waschen und trocken schleudern.

3 Eigelbe
2 EL Olivenöl
4 EL Sonnenblumenöl
1 EL milder Essig
Salz, Pfeffer

Die Eigelbe mit einem Schneebesen leicht cremig rühren, Oliven- und Sonnenblumenöl langsam dazugeben und zuletzt Weißweinessig, Salz und Pfeffer darunterrühren.

1 TL Kapern, gehackt
1 TL Sardellen, gehackt
1 Knoblauchzehe, feingehackt
½ TL Zwiebel, gewürfelt
1 EL gehackte Petersilie

Kapern, Sardellen, Knoblauch, Zwiebel und Petersilie untermischen und alles abschmecken.

3 Scheiben Toastbrot
1 EL Butter
1 EL Olivenöl
Küchenpapier
200 g Shrimps
100 g frischer Parmesan
Salz, Pfeffer

Die Toastscheiben entrinden und in kleine Würfel schneiden. Diese in der Butter und dem Olivenöl goldgelb rösten und auf Küchenpapier abtropfen lassen. Den Eisberg- und den Löwenzahnsalat in einer Schüssel mit den Shrimps sowie der Hälfte des Parmesankäses mischen. Die Marinade angießen, den Salat vorsichtig mischen und nochmals mit Salz und Pfeffer abschmecken. Das Ganze dekorativ auf Tellern anrichten und den restlichen Parmesankäse zusammen mit den Brotwürfeln darüberstreuen.

etwas frischer Kerbel

Den Kerbel zupfen und den Salat mit den Blättern garnieren.

Johann Lafer

Mein Tip

Löwenzahn erfreut sich seit einiger Zeit wieder steigender Beliebtheit. Er kann als Salat und Gemüse, aber auch für Suppen und Eintöpfe verwendet werden. Man unterscheidet den grünen und den gebleichten Löwenzahn. Der grüne hat einen kräftigen, leicht bitteren Geschmack, der gebleichte ist zarter und weniger bitter.
Achten Sie beim Einkauf auf frische Stangen, denn sie haben die beste Qualität. Sie erkennen sie an der milchigen Flüssigkeit, die an den Schnittstellen heraustritt. Ältere Ware hat dunkle Schnittstellen.

braucht Zeit

Fenchel-Rucola-Salat mit Seezunge

4 Personen

2 Fenchelknollen
1 EL Zitronensaft
1 EL Olivenöl
Salz

Die Fenchelknollen waschen, putzen und in sehr feine Streifen schneiden. Diese mit Zitronensaft, Olivenöl und Salz marinieren.

250 g Rucolasalat, gewaschen
4 Tomaten, enthäutet, entkernt und in Streifen geschnitten

Den Rucolasalat auf Tellern verteilen und den marinierten Fenchel sowie die Tomatenstreifen darauf anrichten.

4 Seezungenfilets
1 EL Zitronensaft
Salz

Die Seezungenfilets in Stücke schneiden und diese mit dem Zitronensaft beträufeln und dem Salz würzen.

250 g Mehl
200 ml Bier
2 Eigelb
Salz
2 Eiweiß, steifgeschlagen
2 EL Mehl
5 EL Öl

Mehl, Bier, Eigelbe und Salz vermischen und den Eischnee unterheben. Die Seezungenfilets im Mehl wenden, durch den Bierteig ziehen und im heißen Öl knusprig backen.
Sie danach nochmals mit Salz würzen.

50 g milder Senf
4 EL Olivenöl
1 EL Rotweinessig
3 EL Wasser
Salz, Pfeffer
½ Zwiebel, fein gewürfelt
2 EL Schnittlauchröllchen

Senf, Olivenöl, Essig und Wasser zu einer glatten Sauce verrühren. Diese mit Salz und Pfeffer würzen und die Zwiebelwürfel und Schnittlauchröllchen daruntermischen.
Den Fisch auf dem Salat anrichten und mit der Senfsauce überziehen.

Mein Tip

Rucolasalat, auch Rauke genannt, ist seit einiger Zeit wieder verstärkt auf Speisekarten zu finden. Er eignet sich durch den etwas scharfen und leicht bitteren Geschmack besonders gut für Mischsalate.
Achten Sie beim Einkauf auf junge, kleine Blätter ohne Druckstellen. Rauke läßt sich nicht zu lange lagern und sollte zum Aufbewahren feucht eingeschlagen werden.

braucht Zeit
6 Personen

Geschmorte Osterlammkeule

1 Lammkeule ohne Knochen (à 1,5 – 2 kg)
Salz, Pfeffer
4 EL Olivenöl

Die Keule mit Salz und Pfeffer würzen und in einem heißen Bräter in Olivenöl von allen Seiten gut anbraten.
Sie danach herausnehmen und kurz zur Seite legen.

1 EL Olivenöl
2 große Zwiebeln, in Würfel geschnitten
2 Karotten, in Würfel geschnitten
2 Stangen Lauch, in Ringe geschnitten
3 Knoblauchzehen, fein gehackt

Das Olivenöl zum Bratensatz geben und zuerst die Zwiebeln und die Karotten, anschließend den Lauch und den Knoblauch darin anbraten.

2 Tomaten, klein geschnitten und entkernt
20 Pfefferkörner
3 Zweige Thymian
1 Zweig Rosmarin
3 EL Tomatenmark
250 ml Rotwein
750 ml Lammfond
Alufolie
Salz, Pfeffer

Tomaten, Pfefferkörner, Thymian- und Rosmarinzweige sowie das Tomatenmark dazugeben. Alles gut anbraten.
Die Lammkeule in den Bräter zurückgeben und den Rotwein sowie 500 ml Lammfond angießen.
Den Bräter mit der Lammkeule in den auf 200°C vorgeheizten Backofen schieben. Das Fleisch 50 Minuten schmoren und immer wieder etwas Lammfond darübergießen.
Die Keule nach etwa 50 Minuten herausnehmen, in Alufolie wickeln und warm halten. Die Sauce auf dem Herd einkochen lassen, durch ein Sieb gießen und dabei das Gemüse durchdrücken.
Sie anschließend wieder zurück in den Bräter geben und mit Salz und Pfeffer abschmecken.

etwas frischer Majoran

Die Lammkeule vor dem Servieren aufschneiden, auf dem Gemüse (Rezept unten) anrichten und mit einigen Majoranblättchen bestreuen.

braucht Zeit
6 Personen

Feines Gemüse

250 g Zucchini
250 g Karotten
1 kg festkochende Kartoffeln
250 g Schalotten, geschält und halbiert
2 EL Butter
250 ml Lammfond
Salz, Pfeffer aus der Mühle
200 g feine Bohnen, geputzt

Das Gemüse und die Kartoffeln waschen und gegebenenfalls schälen.
Die Zucchini und die Karotten in schöne, gleichgroße Stücke schneiden, aus den Kartoffeln kleine Kugeln ausstechen und diese in Wasser legen.
Die Schalotten in der Butter anbraten, etwas braunen Lammfond dazugeben und sie darin etwa 20 Minuten weich schmoren. Die Schalotten in dem eingekochten Fond so lange schwenken, bis sie gleichmäßig davon überzogen sind. Alles mit Salz und Pfeffer würzen.
In der Zwischenzeit die Kartoffelkugeln in kochendem Salzwasser etwa 10 Minuten bißfest garen.
Das restliche Gemüse in kochendem Salzwasser blanchieren. Zuerst die Kartoffeln in die Bratensauce geben, dann alle Gemüse hinzufügen, erwärmen und nochmals abschmecken. Die Schalotten in einer Sauciere anrichten.

braucht Zeit

4 Personen

Vollkorngemüsestrudel mit Schnittlauchsabayon

150 g Vollkornmehl
150 g Mehl
1 Ei
Salz
80 g Butter
125 g saure Sahne

Aus Vollkornmehl, Mehl, Ei, Salz, Butter und saurer Sahne einen Teig kneten und diesen etwa 2 Stunden im Kühlschrank ruhen lassen.

2 EL Butter
20 g Schalotten, gewürfelt
150 g Champignons geputzt und in Scheiben geschnitten

Die Butter in einer Pfanne erhitzen, die Schalottenwürfel und die Champignons dazugeben und anbraten.

100 g Kohlrabi
100 g Karotten
100 g Lauch
100 g Spinat, geputzt und gewaschen

Kohlrabi, Karotten und Lauch waschen, putzen, gegebenenfalls schälen und in feine Streifen schneiden. Diese in kochendem Salzwasser kurz blanchieren, in Eiswasser abschrecken und abtropfen lassen.
Den Spinat in Salzwasser blanchieren und danach ebenfalls abschrecken und abtropfen lassen.

3 EL Pinienkerne
3 EL Pistazienkerne
3 EL Semmelbrösel
2 EL Butter

Pinienkerne, Pistazienkerne und Semmelbrösel in der Butter anrösten und anschließend zu dem Gemüse geben. Die Champignons und den Spinat ebenfalls dazugeben und vorsichtig vermischen.
Den Teig dünn ausrollen und die Gemüsefüllung darauf verteilen.

Salz, Pfeffer
6 hartgekochte Eier
50 g Käse, gerieben
Backpapier
2 Eigelb
etwas Wasser

Das Ganze mit Salz und Pfeffer würzen und die Eier darauflegen.
Den Käse darüberstreuen und alles zu einem Strudel zusammenrollen.
Diesen auf ein mit Backpapier ausgelegtes Blech legen. Die Eigelbe mit etwas Wasser verquirlen und den Strudel damit bestreichen.
Ihn etwa 25 Minuten im auf 200°C vorgeheizten Ofen backen.

3 Eigelb
125 ml Weißwein
Salz

Die Eigelbe, den Weißwein und das Salz in einer Schüssel verquirlen und über Wasserdampf schaumig aufschlagen.

4 EL Butter
3 TL Schnittlauchröllchen

Die Butter und den Schnittlauch unter die aufgeschlagene Sauce rühren. Den Strudel in Scheiben schneiden und mit dem Schnittlauchsabayon servieren.

geht schnell

4 Personen

Mutter Beimers Regenbogenforelle

4 Regenbogenforellen
1 großer Bund Dill, gewaschen
4 große Stücke Alufolie
Salz, Pfeffer

Die Forellen gegebenenfalls ausnehmen, waschen und mit Dill füllen. Sie danach auf die Folie legen und mit Salz und Pfeffer würzen.

150 g Staudensellerie
2 Karotten
4 Frühlingszwiebeln
1 rote Paprikaschote
40 g Schalotten
2 EL Öl

Das Gemüse waschen, eventuell schälen und kleinschneiden. Das Öl in einer Pfanne erhitzen und das Gemüse darin anbraten.

4 Sternaniskapseln
12 Kardamomkapseln
2 Zitronen, geschält und filetiert
2 EL Dill, gehackt
100 ml Weißwein
Salz, Pfeffer

Sternanis, Kardamom, Zitronenfilets, gehackten Dill und Weißwein zu dem Gemüse geben.
Das Ganze mit Salz und Pfeffer würzen.
Das Gemüse über die Forellen geben.
Die Alufolie dicht verschließen. Die Forellen im auf 180°C vorgeheizten Backofen etwa 20 Minuten garen.

braucht Zeit
4 Personen

Gefüllte Schweinekoteletts

4 Schweinekoteletts (à 250 g)
Salz, Pfeffer

In jedes Kotelett an der Fleischseite eine Tasche schneiden. Das Fleisch innen und außen salzen und pfeffern.

2 EL Butter
1 Knoblauchzehe, fein gehackt
100 g frischen Spinat, geputzt und gewaschen
geriebene Muskatnuß

Die Butter in einer Pfanne erhitzen, den Knoblauch kurz darin anbraten, den Spinat dazugeben und andünsten.
Das Ganze mit Salz, Pfeffer und Muskat würzen.

125 g Sahne
2 Eier
Salz, Pfeffer
2 EL Butter
2 EL geriebener Parmesan
Zahnstocher

Die Sahne und die Eier mit etwas Salz und Pfeffer verrühren.
Die Butter in einer Pfanne erhitzen, die Ei-Sahne-Mischung darin stocken lassen und anschließend mit dem Spinat vermischen. Am Schluß den Parmesan darunterrühren. Diese Füllung mit Salz und Pfeffer abschmecken und in die vier Taschen der Koteletts füllen. Die Öffnungen mit Zahnstochern verschließen.

4 EL Öl
2 Thymianzweige
2 Knoblauchzehen, halbiert

Das Öl erhitzen, die Thymianzweige und den Knoblauch hineingeben und die gefüllten Koteletts darin von beiden Seiten gut anbraten. Sie anschließend etwa 8 Minuten in einer feuerfesten Form oder Pfanne im auf 200°C vorgeheizten Ofen garen.
Das Ganze danach herausnehmen und etwa 5 Minuten zugedeckt stehen lassen.

250 ml Geflügelfond
Salz, Pfeffer
2 EL Butter
1 TL grober Senf

Den Bratensatz in der Pfanne mit dem Geflügelfond ablöschen, diesen auf ein Drittel einkochen lassen, mit Salz und Pfeffer würzen und durch ein feines Sieb geben. Zum Schluß Butter und den Senf in die Sauce rühren und zum Kotelett servieren.
Als Beilage empfehle ich Ihnen bunte Butternudeln.

braucht Zeit
4 Personen

Maisplätzchen

500 g Sahne
375 g Cornflakes
2 Eier

Die Sahne aufkochen und auf die Hälfte der Flüssigkeitsmenge einkochen lassen. Die Cornflakes damit übergießen. Alles etwas abkühlen lassen und anschließend die Eier dazugeben und untermischen.

50 g Schalotten, gewürfelt
2 EL Butter
250 g Gemüsemais
Salz, Pfeffer, Cayennepfeffer

Die Schalotten in der Butter glasig dünsten, mit den Maiskörnern mischen und würzen. Das Ganze zu den Cornflakes geben und eine Stunde quellen lassen.

2 EL gehackte Petersilie
1 TL Thymian, gezupft und feingeschnitten
etwas Öl

Die Kräuter in die Masse geben und in einer Pfanne in etwas Öl kleine Plätzchen daraus backen.

braucht Zeit

4 Personen

Entenkeulen mit Johannisbeersaft

4 Entenkeulen
4 EL Maisöl

Die Entenkeulen in einem Bräter in Öl anbraten und etwa 20 Minuten im auf 200°C vorgeheizten Ofen weitergaren.

100 g Stangensellerie
100 g rote Zwiebeln
200 g Zucchini
1 rote Paprikaschote
3 EL Öl

Das Gemüse waschen, eventuell schälen und in Streifen schneiden. Diese in einem großen Topf im Öl anbraten.

Pfeffer, Salz
1 EL Honig
2 Sternaniskaspeln
1 rote Chilischote, fein gewürfelt
200 ml Pflaumenwein
100 ml Johannisbeersaft

Das Gemüse mit Pfeffer, Salz, Honig, Sternanis und Chili würzen und Pflaumenwein und Johannisbeersaft angießen.
Das Ganze etwas einkochen lassen, die Entenkeulen hineingeben und alles zugedeckt noch etwa 30 Minuten köcheln lassen.

eventuell etwas Stärke, in kaltem Wasser angerührt
Salz, Pfeffer
2 EL Weißweinessig

Das Fleisch anschließend aus der Sauce nehmen, diese eventuell mit etwas in kaltem Wasser angerührter Stärke binden. Sie danach noch einmal aufkochen lassen und mit Salz, Pfeffer und Essig abschmecken. Die Entenkeulen danach wieder hineingeben und heiß werden lassen.

geht schnell

4 Personen

Singapurnudeln mit Koriander

2 EL Sesamöl
50 g Zuckerschoten, geputzt und blanchiert
50 g Tomaten, abgezogen und in Würfel geschnitten
50 g Frühlingszwiebeln, in Streifen geschnitten

Das Sesamöl erhitzen und nacheinander die Zuckerschoten, die Tomaten und die Frühlingszwiebeln dazugeben.

200 g chinesische Eiernudeln, gekocht
Pfeffer, Salz
2 EL gehackter Koriander

Das Ganze kurz anbraten, die Nudeln dazugeben und miterhitzen. Danach alles mit Pfeffer, Salz und Koriander würzen und zu den Entenkeulen servieren.

braucht Zeit

Spinatauflauf

4 Personen

4 EL Butter ***50 g Schalotten, gewürfelt*** ***1 Knoblauchzehe, feingehackt*** ***500 g frischer Spinat, geputzt und gewaschen***	Die Butter in einem Topf erhitzen, die Schalotten und den Knoblauch darin kurz andünsten. Den abgetropften Spinat dazugeben und den Topf mit einem Deckel verschließen.
Salz, Pfeffer ***geriebene Muskatnuß***	Den Spinat mit Salz, Pfeffer und Muskat abschmecken, sobald er zusammengefallen ist. Ihn anschließend vom Herd nehmen.
2 EL Butter ***2 EL Mehl*** ***100 g Sahne*** ***Salz, Pfeffer*** ***geriebene Muskatnuß***	Die Butter zerlaufen lassen, das Mehl dazugeben und etwa 1 Minute anschwitzen. Danach die Sahne dazugeben und unter ständigem Rühren kochen lassen, bis eine breiige Masse entsteht. Den Spinat hineingeben, den Topf vom Herd nehmen und alles nochmals mit Salz, Pfeffer und Muskat abschmecken.
2 Eiweiß ***1 Prise Salz***	Die Eiweiße mit dem Salz steif schlagen und sehr vorsichtig unter den Spinat heben.
etwas Butter ***8 Souffléförmchen***	Diese Masse anschließend in die Förmchen, welche vorher mit Butter ausgestrichen wurden, füllen. Die Förmchen in eine Auflaufform stellen, diese bis knapp unter den Rand der Förmchen mit heißem Wasser füllen und in den auf 200°C vorgeheizten Ofen schieben. Das Ganze etwa 25 Minuten garen.

Johann Lafer

Mein Tip

Jeder kennt Spinat als Gemüse aus der Kindheit. Neben dieser klassischen Zubereitung bietet sich Spinat jedoch auch für sehr ausgefallene Gerichte wie Seezungenröllchen mit Spinatfüllung, Spinatlasagne oder einen Salat aus den jungen Blättern an.
Wichtig ist in jedem Fall, daß Sie den Spinat sehr gründlich waschen, da in den Blättern sehr viel Sand und Erde hängt. Sie können auch noch die Stiele entfernen, wenn Sie das Gemüse oder den Salat besonders zart haben möchten.
Achten Sie darauf, daß Sie Spinat nur einmal erhitzen und später nicht wieder aufwärmen, da sonst Nitrit entsteht, gegen das besonders Kleinkinder empfindlich sind.

geht schnell

4 Personen

Filets von der Maischolle im Kräuterbackteig

12 Schollenfilets (à 80 g)
Salz, Pfeffer
2 EL Zitronensaft
3 EL Mehl

Die gewaschenen Schollenfilets gut trockentupfen und mit Salz, Pfeffer und Zitronensaft würzen.
Sie danach im Mehl wenden.

125 g Mehl
100 ml Weißwein
2 EL Öl
2 Eigelb

Das Mehl sieben und mit Weißwein, Öl und Eigelben zu einem glatten Teig verrühren.

1 Zweig Thymian, fein gehackt
2 Zweige Petersilie, fein gehackt
½ Bund Schnittlauch, fein geschnitten
3 Zweige Kerbel, fein gehackt

Thymian, Petersilie, Schnittlauch und Kerbel dazugeben.

2 Eiweiß
1 Prise Salz

Die Eiweiße mit dem Salz steifschlagen und vorsichtig unter den Teig heben.
Die Schollenfilets durch den Backteig ziehen und überflüssigen Teig abstreifen.

500 ml Öl zum Ausbacken
Küchenpapier

Das Öl in einer Pfanne erhitzen. Die Schollenfilets darin etwa 5 Minuten goldgelb ausbacken. Sie anschließend herausnehmen und auf Küchenpapier abtropfen lassen.

geht schnell

4 Personen

Salat von Kartoffeln und Gurken in Quark-Joghurt-Marinade

1 Salatgurke

Die Salatgurke schälen, halbieren, die Kerne entfernen und das Fruchtfleisch in feine Scheiben schneiden.

100 g Joghurt
100 g Quark
3 Knoblauchzehen, fein gehackt
Saft von 1 Zitrone
Salz, Pfeffer
1 EL gehackter Dill
2 EL geschlagene Sahne
300 g Kartoffeln, gekocht und in Scheiben geschnitten

Joghurt, Quark, Knoblauch, Zitronensaft, Salz, Pfeffer und Dill in einer Schüssel verrühren, die geschlagene Sahne vorsichtig unterrühren und zuletzt die Gurken- und Kartoffelscheiben vorsichtig unterheben.

geht schnell
4 Personen

Kalbsniere in Senfrahm

700 g Kalbsnieren	Von den Kalbsnieren das Fett entfernen und sie danach in Stücke schneiden.
2 EL Butterschmalz ***Salz, Pfeffer***	Das Butterschmalz erhitzen und die Nieren darin kräftig anbraten. Sie mit Salz und Pfeffer würzen. Das Fleisch aus der Pfanne nehmen und zugedeckt warm halten.
1 EL Butter ***50 g Schalotten, gewürfelt*** ***2 EL Dijonsenf*** ***1 TL gehackter Thymian***	Die Butter in die Pfanne geben und die Schalotten darin anschwitzen. Den Senf und den Thymian dazugeben.
2 EL Balsamico ***150 g Fleischbrühe*** ***125 g Sahne*** ***Salz, Pfeffer***	Den Saucenansatz mit Balsamicoessig ablöschen und die Fleischbrühe und die Sahne angießen. Das Ganze mit Salz und Pfeffer würzen und etwas einkochen lassen. Die Nieren danach wieder dazugeben.
evtl. 1 EL Petersilie, gehackt ***2 EL geschlagene Sahne***	Zum Schluß die Petersilie und die geschlagene Sahne unterheben.

geht schnell
4 Personen

Kohlrabigemüse

500 g Kohlrabi (einige Blätter als Garnitur aufheben)	Den Kohlrabi schälen, waschen und in Stifte schneiden. Diese in kochendem Salzwasser blanchieren.
3 EL Butter ***50 g Schalotten, fein gewürfelt*** ***100 g Sahne*** ***Salz, Pfeffer***	Die Butter in einer Pfanne erhitzen und die Schalotten darin glasig werden lassen. Die Sahne angießen, alles mit Salz und Pfeffer würzen und etwas einkochen lassen.
200 g Tomaten, enthäutet, entkernt und in Würfel geschnitten ***4 EL geschlagene Sahne***	Die Kohlrabistifte und die Tomatenwürfel in die Sauce geben. Zum Schluß die geschlagene Sahne unterheben, einige Kohlrabiblätter fein schneiden und darüberstreuen.

braucht Zeit

8 Personen

Orangenlikör-Charlotte

8 Blatt weiße Gelatine
100 g Sahne
5 Eigelb
100 g Puderzucker
100 ml Orangenlikör

Die Gelatine in kaltem Wasser einweichen, die Sahne erhitzen, die Gelatine ausdrücken und in der Sahne auflösen. Die Eigelbe mit dem Puderzucker schaumig rühren, die noch warme, aber nicht zu heiße Sahne dazugießen, sorgfältig unterrühren und das Ganze danach für 15 Minuten in den Kühlschrank stellen. Anschließend den Orangenlikör darunterrühren.

2 Eiweiß
2 EL Zucker
400 g Sahne

Die Eiweiße zusammen mit dem Zucker zu steifem Schnee schlagen, die Sahne ebenfalls steif schlagen. Zuerst die Sahne, dann den Eischnee mit dem Schneebesen vorsichtig unter die Eigelbcreme heben.

ca. 25 Löffelbisquits

Eine Charlotteform (ø 20 cm, ersatzweise eine Springform ø 16 – 18 cm) mit den Löffelbisquits auslegen und die Creme hineinfüllen. Das Ganze für mindestens 4 Stunden kalt stellen.

2 Orangen (unbehandelt)
5 EL Grenadine-Sirup

Die Orangen heiß abwaschen, trockenreiben und die Schale mit einem Juliennereißer in feinen Streifen lösen. Die Schalenstreifen im Grenadinesirup 3 Minuten kochen. Die Orangen sorgfältig schälen, so daß die gesamte weiße Haut entfernt ist. Anschließend die Filets mit einem scharfen Messer zwischen den Trennhäuten herausschneiden.
Die Orangenjuliennes aus dem Sirup nehmen und abkühlen lassen.

Puderzucker zum Bestreuen
250 g geschlagene Sahne
150 g kleine Erdbeeren, gewaschen und geputzt
etwas frische Minze

Die Charlotte zum Servieren auf eine runde Platte stürzen, mit Puderzucker bestäuben und mit den Orangenfilets, Sahnetupfen, Erdbeeren, Minzeblättern und den feuerroten Schalenstreifen dekorieren.

Mein Tip

Gelatine wird als Pulver oder als Blätter angeboten.
Beachten Sie bei ihrer Verarbeitung einige Punkte, damit das Gericht gelingt: Sie darf nicht zu stark erhitzt werden, da sich ansonsten ihre Gelierkraft verringert. Wenn Gelatine zusammen mit Zitrusfrüchten oder sehr säurehaltigem Obst verarbeitet wird, muß man mehr Blätter oder Pulver verwenden. Sobald Gelatine abkühlt, beginnt sie zu gelieren. Um ein gelatinehaltiges Gericht aus der Form zu lösen, sollten Sie die Form kurz in warmes Wasser tauchen. Dadurch lösen sich die Randschichten des Gelees und das Ganze läßt sich einfach auf eine Platte oder einen Teller stürzen.

braucht Zeit

Schweizer Rüblitorte

12 Stücke

4 Eier
125 g Zucker
1 Eigelb

Die Eier, den Zucker und die Eigelbe über einem Wasserbad in einer Schüssel warm aufschlagen. Das Ganze anschließend noch 5 Minuten kalt weiterschlagen.

450 g Karotten, feingeraspelt
5 EL Zucker
abgeriebene Schale von ½ Zitrone (unbehandelt)

Die Karotten mit dem Zucker und der Zitronenschale vermischen.

100 g gemahlene Haselnüsse
1 TL Backpulver
175 g Mehl

Die Haselnüsse, die Karotten und das Backpulver in eine Schüssel geben. Die kalte Eiermasse dazugeben und das Mehl darauf sieben. Alles miteinander vermengen.

etwas Butter für die Form

Den Boden einer Springform fetten, den Teig hineingeben und die Torte im auf 220°C vorgeheizten Backofen etwa 25 Minuten goldgelb backen.

2 Eiweiß
3 EL Puderzucker

Die Eiweiße mit dem Puderzucker steif schlagen. Den Eischnee mit einer Palette dünn auf die abgekühlte Torte streichen.

200 g Marzipanrohmasse
2 EL Puderzucker
1 Spritzer gelbe Lebensmittelfarbe
ca. 20 Pistazienkerne

Das Marzipan mit dem Puderzucker und der Farbe verkneten. Aus dieser Masse kleine Karotten formen und die Pistazienkerne als Grünansatz aufstecken.
Die Karotten danach auf die Torte legen.

braucht Zeit

6 Personen

Mousse au chocolat „Tricolor“

125 g Vollmilchschokolade
1 Ei
2 EL Wasser, 2 EL Rum
300 g geschlagene Sahne

Die Schokolade im Wasserbad auflösen. Das Ei mit dem Wasser über heißem Wasserdampf schaumig schlagen und die aufgelöste Vollmilchschokolade dazugeben.
Den Rum dazugeben, glattrühren und die geschlagene Sahne darunterheben.

125 g weiße Schokolade
2 Eigelb
2 EL Wasser
2 Blatt Gelatine, in kaltem Wasser eingeweicht
4 EL Orangenlikör
abgeriebene Schale von ½ Orange (unbehandelt)
300 g geschlagene Sahne

Die Schokolade im Wasserbad auflösen. Die Eigelbe mit dem Wasser über heißem Wasserdampf aufschlagen und die ausgedrückte Gelatine dazugeben. Orangenlikör, weiße Schokolade, abgeriebene Orangenschale und geschlagene Sahne darunterrühren.

125 g Bitterschokolade
1 Ei
2 EL Wasser
2 EL Mokkalikör oder etwas Mokkapulver
300 g geschlagene Sahne

Für die dritte Mousse ebenso wie bei den beiden ersten Mousses verfahren.
Sie danach vorsichtig in Schichten in eine Auflaufform geben.
Das Ganze nun für etwa 4 – 5 Stunden abgedeckt in den Kühlschrank stellen.

frische Früchte
frische Minze

Aus der Mousse mit einem immer wieder in heißes Wasser getauchten Löffel Nocken ausstechen und diese mit Früchten und Minze garnieren.

braucht Zeit
6 Personen

Mandeleisparfait im Mandelkörbchen

100 ml Wasser
100 g Zucker
4 Eigelb

Das Wasser, den Zucker und die Eigelbe verquirlen und über einem Wasserbad schaumig aufschlagen.

1 Eiweiß
70 g Zucker

Das Eiweiß mit dem Zucker ebenfalls über dem Wasserbad schaumig schlagen (nicht ganz so warm wie das Eigelb). Beide Massen anschließend miteinander vermischen.

300 g geschlagene Sahne
6 EL Mandellikör
80 g gebräunte Mandelblättchen
Klarsichtfolie

Die geschlagene Sahne, den Mandellikör und die Mandelblättchen unter die Ei-Zucker-Mischung heben. Das Ganze in eine Form füllen, mit Folie abdecken und für etwa 12 Stunden in die Tiefkühltruhe stellen.

125 g zerlaufene Butter
3 EL Zitronensaft
5 EL Orangensaft
250 g Zucker
80 g Mehl
125 g gehobelte Mandeln

Die Butter mit Zitronen-, Orangensaft, Zucker und Mehl glattrühren. Zum Schluß die gehobelten Mandeln vorsichtig unterheben.
Ein Backblech zuerst mit Butter einpinseln, dann mit Mehl bestäuben und das überschüssige Mehl wieder abklopfen. Nun mit einem Teelöffel kleine Kreise der Mandelmasse auf das Blech streichen (etwa 4 cm Durchmesser, in weiten Abständen auf das Blech geben, da die Masse auseinanderläuft). Das Ganze in den auf 200°C vorgeheizten Backofen schieben und solange backen, bis der Teig goldbraun wird.
Die Teigscheiben mit einer Palette vom Blech nehmen und in noch warmem Zustand in je eine Schale oder Tasse legen. Beim Erkalten stockt die Masse und so entstehen Mandelkörbchen.
Den restlichen Teig in der gleichen Weise weiterbacken.
Zum Anrichten das Mandeleisparfait in der Form kurz in heißes Wasser tauchen und aus der Form stürzen. Das Eisparfait in Scheiben schneiden und diese im Mandelkörbchen anrichten.
Dazu passen Vanillesauce und frische Früchte mit Minze.

Mein Tip

Sie können die Mandelkörbchen auf Backpapier backen. Zeichnen Sie zuvor auf der Rückseite Kreise (ø 10 cm) auf, in die Sie etwas Teig geben und vorsichtig verstreichen. Er braucht nur wenige Minuten gebacken zu werden und muß danach gleich vom Papier gelöst werden. Die Teigkreise sollten Sie sofort mit Hilfe eines Tuches über oder in Tassen legen. Sie erstarren beim Abkühlen sehr schnell.

S · o · m

· m · e · r

geht schnell

6 Personen

Exotischer Obstsalat mit Poularde und Scampi

250 g Scampi
250 g Poulardenbrustfilet
4 EL Öl
Salz, Pfeffer

Die Scampi aus der Schale lösen, an der Rückseite vorsichtig einschneiden und den schwarzen Darm entfernen. Sie danach kalt abspülen und trockentupfen. Die Poulardenbrustfilets in Streifen schneiden, diese zusammen mit den Garnelen im heißen Öl anbraten und mit Salz und Pfeffer würzen.

je ½ säuerlicher und süßer Apfel
80 g Erdbeeren
je 80 g blaue und grüne Trauben
50 g Kapstachelbeeren (Physalis)
80 g Wassermelonenkugeln
50 g Wasserkastanien
2 rote Chilischoten
Filets von 1 Orange

Das Obst und das Gemüse waschen, gegebenenfalls schälen, entkernen und in Streifen schneiden oder halbieren.

4 Zehen Knoblauch
50 g Schalotten
etwas Öl
100 g geröstete Erdnußkerne
2 EL Zucker, Salz
3 EL Zitronensaft
1 Bund Koriander, fein geschnitten

Den Knoblauch und die Schalotten schälen, fein hacken und im Öl anrösten. Die gerösteten Ernußkerne ebenfalls fein hacken. Alle Zutaten für den Obstsalat vorsichtig mischen, mit Zucker, Salz und Zitronensaft würzen und zusammen mit den Scampi und den Poulardenbruststreifen anrichten.
Den Salat mit dem feingeschnittenen Koriander bestreuen.

geht schnell

4 Personen

Gemüsesuppe mit Ingwer und Orange

50 g Schalotten ***1 Knoblauchzehe*** ***20 g Ingwer***	Schalotten, Knoblauch und Ingwer schälen und fein schneiden.
2 Karotten ***½ Stange Lauch*** ***100 g Petersilienwurzeln*** ***¼ Fenchelknolle***	Karotten, Lauch, Petersilienwurzeln und Fenchelknolle putzen, waschen und in Würfel schneiden.
3 EL Butter ***Saft von 2 Orangen*** ***500 ml Geflügelbrühe***	Die Butter in einem Topf erhitzen, das gesamte Gemüse darin andünsten und mit dem Orangensaft ablöschen. Das Ganze etwas einkochen lassen und die Geflügelbrühe zugeben. Alles etwa 15 Minuten köcheln lassen, anschließend im Mixer oder mit dem Pürierstab pürieren und durch ein Sieb geben.
Salz ***etwas gemahlener Anis*** ***4 EL geschlagene Sahne***	Die Suppe mit Salz und gemahlenem Anis abschmecken und die geschlagene Sahne vorsichtig darunterheben.
8 Scheiben Parmaschinken ***4 Zweige Kerbel, gezupft***	Den Parmaschinken in Streifen schneiden und diese mit dem Kerbel als Einlage in die Gemüsesuppe geben.

geht schnell
4 Personen

Scampi-Saté mit Mango-Dip

2 Mangos 2 TL Reisessig (ersatzweise Sherryessig) Saft von 1 Orange Saft von 1 Limette 2 Chilischoten, in Streifen geschnitten Salz, Zucker	Die Mangos schälen, den Kern herauslösen und das Fruchtfleisch mit den anderen Zutaten im Mixer oder mit dem Pürierstab pürieren. Das Ganze mit Salz und Zucker abschmecken. Gekühlt servieren.
Schale von 1 Limette (unbehandelt) 16 Scampi 2 Zweige Minze, in feine Streifen geschnitten 1 Knoblauchzehe, fein gehackt Olivenöl Pfeffer, Salz	Die Limette sehr dünn schälen und die Schale in feine Streifen schneiden. Die Scampi auf Spieße stecken. Aus Minze, Knoblauch, Limettenschale, Olivenöl, Pfeffer und Salz eine Marinade herstellen und die Spieße 1 Tag darin marinieren. Sie dafür zugedeckt kühlstellen.
etwas Olivenöl	Die Saté-Spieße in Olivenöl oder auf dem heißen Stein mit etwas Öl braten. Sie auf einer Platte zusammen mit dem Mangodip anrichten.

geht schnell
4 Personen

Geflügel-Saté mit Nuss-sauce

100 g gehackte Haselnüsse 1 EL Honig 6 EL Portwein 100 ml Geflügelfond	Die Haselnüsse zusammen mit dem Honig in einer Pfanne erhitzen, karamelisieren und alles anschließend mit dem Portwein und dem Geflügelfond ablöschen.
½ Chilischote, in Streifen geschnitten 5 EL Haselnußöl	Die Chilistreifen zusammen mit dem Haselnußöl unter die Nußsauce rühren. Alles im Mixer oder mit dem Pürierstab pürieren, bis die Sauce eine cremige Konsistenz hat.
4 Hähnchenbrustfilets (à 180 g)	Das Hähnchenfleisch längs der Faser in etwa 5 cm lange Streifen schneiden und diese ziehharmonikaartig auf Holzspieße stecken.
1 EL Sesamöl 1 EL Erdnußöl oder Haselnußöl 1 EL Sojasauce 1 EL Sherry ½ TL Ingwer ½ TL Curry ½ TL Zucker etwas Pfeffer	Aus den restlichen Zutaten eine Marinade herstellen und die Satéspieße mindestens zwei Stunden darin ziehen lassen. Sie danach unter dem Grill, auf dem heißen Stein oder in der Pfanne braten.

geht schnell

Gefüllte Tomaten

4 Personen

150 g Kartoffeln, gekocht und kleingewürfelt
3 EL Olivenöl
10 Champignons, geputzt und gewürfelt
2 Knoblauchzehen, fein gehackt
1 kleine Zwiebel, fein gewürfelt
3 Zweige Thymian, gezupft und gehackt
100 g Garnelen, geschält
Salz, Pfeffer

Die Kartoffelwürfel im heißen Olivenöl anbraten und, wenn diese leicht braun sind, die Champignonwürfel mitanrösten.
Anschließend die Hälfte des Knoblauchs, die Zwiebelwürfel und den Thymian dazugeben. Zum Schluß die Garnelen beifügen, kurz mitrösten und alles mit Salz und Pfeffer würzen.

4 Tomaten, enthäutet und ausgehöhlt
4 Stücke Alufolie
etwas Butter
etwas Thymian

Die Mischung in die Tomaten füllen und diese mit den abgeschnittenen Deckeln verschließen.
4 Stücke Alufolie mit Butter einreiben. Etwas Thymian, Salz, Pfeffer und den restlichen Knoblauch auf die Butter geben. Die Tomaten in die Folie einwickeln und für etwa 10 Minuten im auf 180°C vorgeheizten Ofen garen.

geht schnell

4 Personen

Eingelegter Fetakäse mit Knoblauchbaguette

400 g Fetakäse

Den Käse in etwa 1 cm große Würfel schneiden und in eine Schüssel geben.

1 Zwiebel
½ Staude Stangensellerie
Saft von 1 Limette
1 Knoblauchzehe, fein gehackt
1 EL grüne Pfefferkörner
125 ml kaltgepreßtes Olivenöl
1 Prise gemahlener Koriander
Salz, Pfeffer
1 EL gehackte Blattpetersilie
1 EL gehackter Salbei

Die Zwiebel schälen und in kleine Würfel schneiden. Den Sellerie putzen, waschen und in sehr feine Streifen schneiden.
Beides zusammen mit den anderen Zutaten für die Marinade verrühren und über den Käse gießen. Das Ganze mit Klarsichtfolie abdecken und zwei Stunden ziehen lassen.

1 Baguette (250 g)
50 g gesalzene Butter
2 Knoblauchzehen, gehackt

Das Brot der Länge nach halbieren, mit der zimmerwarmen Butter bestreichen und mit dem gehackten Knoblauch bestreuen.
Das Ganze unter dem Grill solange grillen, bis es eine goldbraune Kruste bekommt.

braucht Zeit

6 Personen

Gratinierte Brokkoliröschen

600 g Brokkoli ***etwas Salz***	Den Brokkoli putzen, in Röschen zerteilen und diese in kochendem, leicht gesalzenem Wasser blanchieren. Sie danach in Eiswasser abschrecken.
18 mittelgroße Scampi ***6 EL Olivenöl*** ***2 Zweige Thymian*** ***2 Knoblauchzehen, zerdrückt*** ***Salz, Pfeffer***	Die Scampi schälen, an der Rückseite vorsichtig einschneiden und den schwarzen Darm entfernen. Das Öl in einer Pfanne erhitzen. Den Thymian und den Knoblauch kurz im heißen Fett anbraten, danach die Scampi dazugeben und ebenfalls von allen Seiten kräftig anbraten. Sie mit Salz und Pfeffer würzen, aus der Pfanne nehmen und auf Küchenpapier abtropfen lassen.
1 EL Butter ***1 Knoblauchzehe, geschält und halbiert*** ***4 Tomaten, enthäutet, entkernt und gewürfelt*** ***Salz, Cayennepfeffer***	Eine flache, feuerfeste Form mit der Butter und dem Knoblauch ausreiben. Die Tomaten, die Scampi und den Brokkoli darin anordnen und alles nochmals mit Salz und Cayennepfeffer würzen.
60 g Schalotten, feingehackt ***2 EL Butter*** ***250 ml Weißwein*** ***5 EL Vermouth*** ***250 g Sahne*** ***100 g Crème fraîche*** ***Salz, Cayennepfeffer***	Die Schalotten in der Butter kurz anschwitzen. Weißwein, Vermouth, Sahne und Crème fraîche angießen und das Ganze mit Salz und Pfeffer würzen. Die Flüssigkeit nun auf ein Drittel der Ausgangsmenge einkochen, danach pürieren und durch ein feines Sieb geben.
2 Eigelb ***4 EL geschlagene Sahne*** ***etwas Dill***	Die Eigelbe und die Sahne vermischen und zu der restlichen Flüssigkeit geben. Mit dieser Mischung nun die Scampi, den Brokkoli und die Tomaten übergießen und alles etwa 15 Minuten im auf 200°C vorgeheizten Backofen gratinieren. Das Gratin aus dem Ofen nehmen, wenn es eine goldgelbe Farbe bekommt, mit etwas Dill garnieren und sofort servieren.

Mein Tip

Brokkoli hat einen weniger kohlartigen Geschmack als Blumenkohl, er erinnert eher an Spargel und wird daher auch „Spargelkohl" genannt. Er enthält mehr Vitamine als Blumenkohl, besonders reich ist er an Karotin.
Geben Sie beim Blanchieren der Röschen etwas Natron ins Kochwasser. Dadurch bleibt die grüne Farbe des Brokkoli besser erhalten.

braucht Zeit

6 Personen

Sommergemüseplatte mit Estragonsabayon

600 g sehr kleine Karotten
2 Zwiebeln, gewürfelt
2 EL Butter
2 EL Zucker
100 ml Gemüsebrühe
1 Bund Petersilie, gehackt
60 g geröstete Pinienkerne

Die Karotten putzen und eventuell schälen.
Die Zwiebelwürfel in der Butter glasig dünsten, die Karotten dazugeben und beides mit dem Zucker glasieren. Anschließend die Gemüsebrühe dazugeben und alles je nach Dicke der Karotten etwa 10 Minuten dünsten.
Die gehackte Petersilie und die Pinienkerne zum Schluß dazugeben.

600 g Kohlrabi
2 EL Butter
150 ml Gemüsebrühe
Salz, Pfeffer, geriebene Muskatnuß
100 g Sahne

Die Kohlrabi putzen, schälen und in feine Stifte schneiden. Einige junge Blätter in feine Streifen schneiden. Die Kohlrabistifte in der Butter andünsten, die Gemüsebrühe angießen und alles etwa 6 Minuten köcheln lassen. Das Ganze mit Salz, Pfeffer und Muskatnuß abschmecken, mit der Sahne verfeinern und zum Schluß die Streifen der Kohlrabiblätter darüberstreuen.

500 g Frühlingszwiebeln
3 EL Butter
100 ml Weißwein
Salz, Pfeffer
etwas Zitronensaft

Die Frühlingszwiebeln putzen, waschen und in gleich große Stücke von etwa 1 cm schneiden. Diese in der Butter und dem Weißwein etwa 3 Minuten dünsten. Das Ganze mit Salz, Pfeffer und einem Spritzer Zitronensaft abschmecken.

50 g Schalotten, gewürfelt
4 EL Butter
300 g Spinat, geputzt, gewaschen
Salz, Pfeffer, geriebene Muskatnuß
3 EL geschlagene Sahne

Die Schalotten in der Butter andünsten, den Spinat tropfnaß dazugeben, alles etwa 1 Minute dünsten, mit Salz, Pfeffer und Muskatnuß abschmecken und die Schlagsahne unterheben.

3 Eigelb
4 EL Weißwein
20 g Estragon, fein geschnitten
50 g Butter, flüssig

Die Eigelbe mit dem Weißwein über einem heißen Wasserbad aufschlagen. Den Estragon dazugeben und die nicht zu heiße Butter in einem dünnen Strahl langsam darunterrühren. Das Sabayon mit Salz und etwas Pfeffer abschmecken.

braucht Zeit

6 Personen

Hefeküchlein

125 ml Milch, lauwarm
20 g Hefe
175 g Mehl, 50 g Dinkelmehl
4 Eier
1 TL Salz, 1 Prise Zucker

Die Milch mit der Hefe und 125 g Mehl glattrühren. Das Ganze an einem warmen Ort zugedeckt gehen lassen, bis die Menge sich verdoppelt hat.
Dinkelmehl, restliches Mehl, Eier, Salz und Zucker zum Vorteig geben, glattrühren und alles nochmals 15 Minuten gehen lassen.

80 g geröstete Sonnenblumenkerne
3 EL Öl

Die gerösteten Sonnenblumenkerne dazugeben und in einer heißen Pfanne in Öl kleine Küchlein backen. Die Küchlein umdrehen, wenn der Teig beginnt, Blasen zu schlagen. Sie danach auf Küchenpapier abtropfen lassen.

braucht Zeit
4 Personen

Poularde in der Salzkruste

3 kg grobes Meersalz ***3 Eiweiß*** ***150 ml Wasser***	Salz, Eiweiße und Wasser vermischen.
1 Maispoularde (1,2 kg – 1,5 kg) ***Salz, Pfeffer***	Die Poularde von allen Seiten mit Salz und Pfeffer würzen.
3 Zehen Knoblauch, gehackt ***1 Zweig Rosmarin, gezupft und fein geschnitten*** ***1 Zweig Thymian, gezupft und fein geschnitten*** ***2 EL Olivenöl***	Im einem Mörser aus Knoblauch, Kräutern und Öl eine Paste herstellen. Die Haut der Poularde an 5 bis 6 Stellen leicht einschneiden und etwas Kräuterpaste darunterschieben. Den Rest der Paste auf der Haut verstreichen. Die Keulen zusammenbinden, ⅓ der Salzmischung auf einem Backblech flach ausbreiten. Die Poularde darauflegen und mit der restlichen Salzmasse bedecken. Das Ganze im auf 220°C vorgeheizten Ofen 15 Minuten backen. Die Temperatur auf 180°C verringern und die Poularde weitere 45 Minuten garen. Sie vor dem Servieren aus der Salzkruste herauslösen. Dazu passen Baguette und frisches Gemüse.

geht schnell
4 Personen

Ratatouille

2 EL Olivenöl ***2 Zwiebeln, gewürfelt*** ***1 EL Knoblauch, fein gehackt***	Das Olivenöl erhitzen, die Zwiebelwürfel und den Knoblauch darin anschwitzen.
1 rote Paprikaschote, gewürfelt ***1 gelbe Paprikaschote, gewürfelt*** ***1 grüne Paprikaschote, gewürfelt*** ***1 grüne Zucchini, gewürfelt*** ***1 gelbe Zucchini, gewürfelt*** ***125 ml Tomatensaft*** ***Salz, Pfeffer***	Die Paprikawürfel und die Zucchiniwürfel dazugeben. Alles kurz anbraten, den Tomatensaft anschließend angießen und alles mit Salz und Pfeffer würzen. Das Ganze einige Minuten einkochen lassen.
4 Tomaten, enthäutet, entkernt und gewürfelt ***1 Zweig Thymian, gezupft*** ***1 Bund Petersilie, fein gehackt*** ***etwas Olivenöl***	Kurz vor dem Ende der Garzeit die Tomatenwürfel, den Thymian und die Petersilie dazugeben. Das Ganze abschmecken und eventuell noch mit etwas Olivenöl verfeinern.

geht schnell
4 Personen

Schweinefilet im Röstimantel

600 g Schweinefilet ***Salz, Pfeffer*** ***2 EL Öl***	Das Schweinefilet mit Salz und Pfeffer würzen und im heißen Öl von allen Seiten kräftig anbraten.
100 g Semmelbrösel ***2 EL gehackte Petersilie***	Die Semmelbrösel mit der gehackten Petersilie mischen und das Filet darin wälzen.
50 g Speck, gewürfelt ***1 Zwiebel, gewürfelt*** ***1 Zweig Thymian, gezupft und gehackt***	Die Speckwürfel, die Zwiebelwürfel und den Thymian in einer großen Pfanne anbraten.
400 g Kartoffeln, geschält ***Salz, Pfeffer***	Die Kartoffeln raspeln, ausdrücken und auf die Speck-Zwiebel-Mischung geben, flach drücken und in der Pfanne etwas Farbe nehmen lassen. Das Rösti mit Salz und Pfeffer würzen und anschließend auf ein Tuch geben. Das Schweinefilet darauf legen und alles zusammenrollen. Das Rösti dabei gut andrücken.
etwas Butter für die Form	Das Filet in eine ausgebutterte, feuerfeste Form legen und im auf 210°C vorgeheizten Backofen etwa 15 Minuten garen.

geht schnell
4 Personen

Glasierte Zuckerschoten

150 g Perlzwiebeln ***Salz***	Die Perlzwiebeln schälen und etwa 3 Minuten in kochendem Salzwasser blanchieren. Sie anschließend abschrecken und abtropfen lassen.
150 g Zuckerschoten ***2 EL Zucker*** ***1 Zweig Thymian, gezupft***	Die Zuckerschoten waschen und putzen. Den Zucker in einer Pfanne schmelzen. Den Thymian und das Gemüse dazugeben und kurz anbraten.
100 ml Fleischbrühe ***1 EL Butter*** ***100 ml braune Grundsauce***	Das Ganze mit der Fleischbrühe ablöschen. Die Butter und die braune Grundsauce dazugeben und alles etwas einkochen lassen.
Salz, Pfeffer ***1 EL gehackte Petersilie*** ***1 Zweig Kerbel***	Das Gemüse zum Schluß mit Salz und Pfeffer würzen und die gehackte Petersilie dazugeben. Das Ganze beim Anrichten noch mit dem Kerbel garnieren.

braucht Zeit

4 Personen

Gefüllte Paprikaschoten mit Rauke-Nudeln

4 Paprikaschoten	Die Paprikaschoten waschen, den Deckel abschneiden und das Innere aushöhlen.
1 EL Öl ***2 Knoblauchzehen, gehackt*** ***1 Zwiebel, gewürfelt*** ***3 EL gehackte Petersilie***	Das Öl erhitzen, den Knoblauch, die Zwiebelwürfel und die Petersilie darin anschwitzen.
2 Brötchen, getrocknet und in Würfel geschnitten ***100 ml warme Milch*** ***200 g Schweinehackfleisch*** ***200 g Rinderhackfleisch***	Die Brötchenwürfel zusammen mit der Milch erhitzen. Die Knoblauch-Zwiebel-Petersilienmischung und das gesamte Hackfleisch zusammen mit den eingeweichten Brötchen in eine Schüssel geben.
2 Eier ***100 g gekochter Reis*** ***Salz, Pfeffer*** ***100 g geröstete Pinienkerne*** ***2 EL Öl*** ***2 Knoblauchzehen, gehackt***	Die Eier und den Reis ebenfalls dazugeben, die Masse mit Salz und Pfeffer würzen und gut verkneten. Zum Schluß die Pinienkerne unterheben. Die Paprikaschoten mit der Hackfleischmasse füllen und den Deckel daraufsetzen. 2 Eßlöffel Öl in einem Bräter erhitzen und die Paprikaschoten darin kurz anbraten und den Knoblauch dazugeben.
250 ml Tomatensaft ***1 Dose geschälte Tomaten, etwas kleingeschnitten*** ***250 ml Rinderbrühe*** ***1 Zweig Rosmarin***	Den Tomatensaft angießen. Die Tomaten und die Rinderbrühe sowie den Rosmarin dazugeben. Den Bräter mit dem Deckel verschließen und die Paprikaschoten im auf 180°C vorgeheizten Backofen etwa 40 Minuten garen.
2 rote Chilischoten, fein gehackt ***2 EL Tomatenketchup*** ***150 g Tomaten, enthäutet und gewürfelt***	Den Bräter aus dem Ofen nehmen, die Chiliwürfel, den Ketchup und die Tomatenwürfel in die Sauce geben und alles noch einmal abschmecken.
etwas gehackte Petersilie	Die Paprikaschoten mit der Petersilie bestreuen.
500 g bunte Nudeln ***Salz*** ***etwas Öl***	Die Nudeln in Salzwasser mit 1 Eßlöffel Öl bißfest kochen.
3 EL Butter ***2 Knoblauchzehen, gehackt*** ***½ Zwiebel, gewürfelt*** ***100 g Rauke, gewaschen und in Streifen geschnitten***	Die Butter in einer großen Pfanne erhitzen und den Knoblauch und die Zwiebelwürfel darin anschwitzen. Die Nudeln und die Raukenstreifen dazugeben, alles würzen und vermischen.

braucht *Zeit*

6 Personen

Kartoffelravioli mit Blattsalaten in Nussdressing

700 g Kartoffeln
Alufolie
etwa 1 kg Salz

Die Kartoffeln waschen, ungeschält in Alufolie einwickeln und im Ofen bei 180°C etwa 2 Stunden in einem Gefäß mit viel Salz auf dem Boden garen.
Die Kartoffeln können auch in Wasser gekocht werden, müssen anschließend jedoch sehr gut ausdämpfen, da der Teig sonst zu viel Wasser enthält.

2 EL Butter
30 g Schalotten, gewürfelt
100 g Shiitakepilze, gewürfelt
100 g Austernpilze, gewürfelt
1 Stange Lauch, gewürfelt
Salz
100 g Sahne
1 EL Schnittlauchröllchen

In der Zwischenzeit die Butter in einer Pfanne erhitzen und die Schalottenwürfel darin anschwitzen.
Die Pilz- und die Lauchwürfel dazugeben und anbraten.
Das Ganze salzen, die Sahne angießen und etwas einkochen lassen. Den Schnittlauch daruntermischen und alles abkühlen lassen.

3 EL Mehl
3 EL Kartoffelstärke
5 Eigelb
Salz, Pfeffer
geriebene Muskatnuß

Die gegarten, noch warmen Kartoffeln schälen und das Innere durch eine Kartoffelpresse drücken.
Mehl, Kartoffelstärke und Eigelbe dazugeben. Die Masse mit Salz, Pfeffer und Muskat würzen und zu einem Teig verkneten.

Klarsichtfolie
2 Eigelb, verquirlt

Diesen Teig zwischen bemehlten Folienstücken mit einem Nudelholz etwa 3 mm dick ausrollen. Die Folie abziehen und mit einem Ausstecher Kreise von etwa 8 cm Durchmesser ausstechen. Auf die Mitte der Teigkreise jeweils etwas von der Pilzmasse geben. Die Kreisränder nun mit Eigelb bestreichen und das Ganze zu Halbmonden zusammenklappen. Die Teigränder eventuell mit dem Zinken einer Gabel aufeinanderdrücken.
Diese Ravioli in kochendes Salzwasser geben und sie unter dem Siedepunkt etwa 5 Minuten ziehen lassen. Sie danach in Eiswasser abschrecken und auf einem Küchentuch gut abtropfen lassen.

2 EL Öl

Das Öl in einer Pfanne erhitzen und die Ravioli darin von beiden Seiten goldgelb braten.

1 TL Butter
1 EL gehackte Petersilie
Salz, Pfeffer

Die Butter und die gehackte Petersilie dazugeben und alles mit Salz und Pfeffer würzen.

50 g Haselnüsse, grob gehackt
Salz, Pfeffer
6 EL Nußöl
2 EL Weinessig

Die Haselnüsse in einer Pfanne ohne Fett rösten. Salz, Pfeffer, Nußöl und Essig dazugeben. Alles abschmecken und abkühlen lassen.

verschiedene Blattsalate der Saison

Die Salate putzen, waschen und mit dem Dressing marinieren.

braucht Zeit

4 Personen

Zanderroulade mit Gurken

500 g Zanderfilet, ohne Haut und Gräten ***Klarsichtfolie*** ***Salz, Pfeffer***	Das Zanderfilet der Länge nach einschneiden und zwischen Klarsichtfolie flach klopfen (mit einer kleinen schweren Pfanne oder einem Nudelholz). Den Fisch anschließend mit Salz und Pfeffer würzen.
100 g Lachs, gewürfelt und leicht angefroren ***½ TL Salz*** ***1 Eiweiß*** ***100 g Sahne*** ***0,4 g Safranfäden***	Lachswürfel, Salz, Eiweiß, Sahne und die in einem Teelöffel Wasser aufgeweichten Safranfäden im Mixer oder mit dem Pürierstab zu einem glatten Teig verarbeiten. Diese Masse nicht zu lange pürieren, da sie sonst zu warm wird und die Mischung gerinnt.
1 TL Zitronensaft	Den Zander mit dem Zitronensaft beträufeln und die Lachsfüllung daraufstreichen.
50 g Lachs	Den Lachs als Kern darauflegen und alles zu einer Roulade formen.
60 g Spinat ***Klarsichtfolie*** ***Alufolie***	Die Spinatblätter putzen, waschen, in kochendem Wasser blanchieren und in Eiswasser abschrecken. Die Spinatblätter auf einem Küchentuch nebeneinander ausbreiten und die Zanderroulade darauflegen. Die Roulade in dem Spinat einrollen und zuerst in Klarsichtfolie, dann in Alufolie einwickeln. Diese Roulade nun vorsichtig in kochendes Wasser geben und etwa 12 Minuten darin ziehen lassen.
1 Gurke ***2 EL Butter*** ***30 g Schalotten, gewürfelt*** ***Salz*** ***1 Msp. gemahlener Koriander*** ***geriebene Muskatnuß***	Die Gurke schälen, halbieren, das Kerngehäuse herauskratzen und das Fruchtfleisch in Scheiben schneiden. Die Butter in einer Pfanne zerlassen und die Schalottenwürfel und die Gurkenscheiben darin anschwitzen. Das Ganze mit Salz, Koriander und Muskat würzen.
1 EL Crème fraîche ***½ Bund Dill, fein gehackt***	Die Crème fraîche und den Dill darunterrühren und das Gurkengemüse zur Zanderroulade servieren.

braucht **Zeit**

6 Personen

Geflügelleber mit Kerbel-Kartoffelpüree und Ahornäpfeln

300 g Kartoffeln ***Salz***	Die Kartoffeln schälen und in Salzwasser garen. Sie danach abschütten, gut ausdämpfen lassen und durch eine Kartoffelpresse drücken.
250 g Sahne	Die Sahne etwas einkochen lassen und zu den Kartoffeln geben.
Salz, Pfeffer ***geriebene Muskatnuß*** ***30 g Schalotten, gewürfelt*** ***1 EL Öl*** ***3 EL Kerbel, gehackt***	Das Püree mit Salz, Pfeffer und Muskat würzen. Die Schalotten im heißen Öl goldgelb braten und zum Abtropfen in ein Sieb geben. Die Kartoffeln nun mit dem Schneebesen oder dem Handrührgerät glattrühren. Den Kerbel und die gebratenen Schalotten dazugeben, unterheben und das Püree zugedeckt warmhalten.
2 EL Mandelblättchen ***50 g Butter***	Die Mandelblättchen zusammen mit der Butter in einen Topf geben und erhitzen. Den entstehenden Schaum zwischendurch immer wieder entfernen. Die Butter nach etwa 10 Minuten Kochzeit durch ein feines Sieb geben.
2 Äpfel ***1 EL Zucker*** ***80 g Ahornsirup***	Die Äpfel schälen, das Kerngehäuse entfernen und das Fruchtfleisch in Spalten schneiden. Den Zucker in einer Pfanne schmelzen lassen und die Äpfel darin karamelisieren. Alles mit Ahornsirup ablöschen und einmal aufkochen lassen.
400 g Geflügelleber ***100 g Mandelblättchen*** ***Salz, Pfeffer***	Die Geflügelleber mit den Mandelblättchen panieren und in der Mandelbutter goldgelb braten. Sie vor dem Servieren mit Salz und Pfeffer würzen.

Johann Lafer

Mein Tip

Ahornsirup wird vor allem in Kanada und Nordamerika durch Anschneiden der Rinde von Zuckerahornbäumen gewonnen. Die Farbe schwankt zwischen bernsteinfarben und braun, der Geschmack von mild bis stark süß.
Sie können Ahornsirup im Reformhaus oder in den Spezialitätenabteilungen vieler Supermärkte kaufen.
Er wird ähnlich wie Karamel verwendet und gibt vielen Gerichten eine typische Geschmacksnote.
Besonders gut paßt er zu Früchten, Pfannkuchen und Waffeln.

braucht Zeit

6 Personen

Kartoffel-Zucchini-Gratin

1 EL Butter ***1 Knoblauchzehe, fein gehackt***	Die Butter in einem Topf schmelzen und den Knoblauch darin anbraten. Eine Gratinform mit dieser Knoblauchbutter einpinseln.
60 g Schalotten, gewürfelt ***400 g Kartoffeln*** ***300 g Zucchini***	Die Schalottenwürfel auf dem Boden der Form verteilen. Die Kartoffeln schälen und in dünne Scheiben hobeln. Die Zucchini in etwas dickere Scheiben als die Kartoffeln schneiden, da sie eine kürzere Garzeit haben. Nun abwechselnd die Kartoffel- und die Zucchinischeiben in die Form schichten.
300 g Sahne ***100 ml Milch*** ***Salz, Pfeffer*** ***geriebene Muskatnuß***	Die Sahne und die Milch auf ⅔ der Flüssigkeitsmenge einkochen lassen, die Mischung kräftig mit Salz, Pfeffer und Muskat würzen und über die geschichteten Kartoffel- und Zucchinischeiben gießen.
50 g Gruyère oder Emmentaler	Den Käse grob raspeln und die Kartoffel- und Zucchinischeiben damit bestreuen. Das Ganze im auf 200°C vorgeheizten Ofen etwa 30 Minuten garen.

Mein Tip

Die Zucchini gehört zu den Kürbisgewächsen und wird häufig auch in deutschen Gemüsegärten angebaut. Im Sommer kommt es zu regelrechten Zucchinischwemmen bei vielen Hobbygärtnern.
Mit Zucchini lassen sich viele Gerichte zubereiten: Zucchinigemüse, Zucchinipuffer, eingelegte oder gefüllte Zucchini, Ratatouille und vieles mehr.
Ein ganz ausgefallenes Rezept ist die gefüllte Zucchiniblüte. Füllen Sie dafür die Blüten mit einer Masse aus Hackfleisch, Käse, Kräutern und Gewürzen. Geben Sie die gefüllten Blüten in eine Auflaufform, gießen Sie etwas Flüssigkeit an und garen Sie das Ganze etwa 30 Minuten im Ofen bei 200 °C. Dazu paßt ein Tomatenrisotto und Tomatensauce.

braucht Zeit
6 Personen

Buchteln

40 g Hefe
250 ml lauwarme Milch
100 g Mehl
3 EL Zucker

Die Hefe in der Milch auflösen, das Mehl und den Zucker dazugeben und alles verrühren. Diesen Vorteig an einem warmen Ort zugedeckt etwa 25 Minuten gehen lassen.

350 g Mehl
3 EL Zucker
2 Eigelb, 1 Ei
½ TL Salz
1 Vanillestange
abgeriebene Schale ½ Zitrone (unbehandelt)
2 EL Rum

Mehl, Zucker, Eigelbe, Ei, Salz, herausgekratztes Mark der Vanilleschote, Zitronenschale und Rum zu dem Vorteig geben und alles zu einem glatten Teig verkneten.

100 g Butter, zimmerwarm

Die Butter dazugeben und alles solange kneten bis sich der Teig vom Schüsselrand löst. Den Teig noch einmal zugedeckt gehen lassen bis er sich verdoppelt hat.

4 EL Butter
100 g Sahne
2 EL Zucker

Eine große Auflaufform dick mit Butter einstreichen, die Sahne und den Zucker hineingeben. Aus dem Teig kleine Kugeln formen und diese nebeneinander in die Auflaufform setzen. Das Ganze zugedeckt noch einmal 15 Minuten gehen lassen.

2 Eigelb
etwas Milch

Die Eigelbe mit etwas Milch verquirlen und die Buchteln mit dieser Mischung bestreichen. Sie im auf 180°C vorgeheizten Ofen etwa 30 Minuten backen und noch lauwarm servieren.

geht schnell
6 Personen

Angemachte Beerenfrüchte

5 EL Zucker
250 ml Johannisbeersaft, schwarz
125 ml Rotwein
Saft von 2 Orangen und 1 Zitrone
abgeriebene Schale von 1 Orange und 1 Zitrone (unbehandelt)
1 TL Zimt
1 EL Honig

Den Zucker in einer flachen Pfanne karamelisieren lassen und mit dem Johannisbeersaft und dem Rotwein ablöschen.
Orangensaft, Zitronensaft, Schale von Orange und Zitrone, Zimt und Honig dazugeben und alles etwas einkochen lassen.

1 EL Johannisbeerlikör
1 EL Speisestärke

Die Stärke mit dem Johannisbeerlikör anrühren und die leicht eingekochte Flüssigkeit damit binden.

600 g frische Früchte, geputzt und gewaschen, am besten: Kirschen, Erdbeeren, rote Johannisbeeren, Brombeeren, Himbeeren

Die Früchte dazugeben und alles einmal kurz aufkochen lassen.

braucht Zeit
4 Personen

Haselnusssoufflé mit Kirschragout und Kirschsabayon

85 g Butter
3 EL Zucker, 1 EL Vanillezucker
3 Eigelb

Die Butter zusammen mit dem Zucker und dem Vanillezucker schaumig rühren. Die Eigelbe dazufügen und alles gut vermischen.

3 Eiweiß, 3 EL Zucker

Die Eiweiße mit dem Zucker steifschlagen.

75 g geriebene Haselnüsse
75 g Bisquitbrösel
2 EL Rum

Die Haselnüsse in einer Pfanne ohne Fett anrösten. Sie anschließend mit den Bisquitbröseln mischen, alles zu der Butter-Zucker-Ei-Mischung geben und verrühren. Danach das geschlagene Eiweiß und den Rum vorsichtig unterheben.

4 Souffléförmchen
2 EL Butter für die Förmchen
etwas Zucker

Die Souffléförmchen einfetten, mit dem Zucker ausstreuen und die Soufflémasse hineinfüllen. Die Förmchen in eine Auflaufform stellen und diese bis knapp unter den Rand der Förmchen mit sehr heißem Wasser füllen. Alles in den auf 180°C vorgeheizten Backofen stellen und das Soufflé etwa 25 Minuten garen.

5 EL Zucker
100 ml Kirschsaft
abgeriebene Schale von 1 Zitrone und 1 Orange (unbehandelt)
2 EL Zitronensaft
1 TL Zimtpulver

In der Zwischenzeit den Zucker in einer Pfanne hellbraun karamelisieren lassen, ihn mit dem Kirschsaft ablöschen und alles einkochen lassen.
Die abgeriebene Zitronen- und Orangenschale, den Zitronensaft und das Zimtpulver dazugeben.

1 TL Speisestärke, in kaltem Wasser angerührt
150 g Kirschen, entsteint

Das Ganze noch einmal einkochen lassen, mit der angerührten Speisestärke binden und zuletzt die Kirschen dazugeben. Das Kirschragout noch einmal aufkochen lassen.

200 ml Kirschsaft
5 EL Zucker
4 Eigelb
2 EL Kirschwasser

Den Kirschsaft, den Zucker und die Eigelbe über heißem Wasserdampf schaumig aufschlagen, vom Herd nehmen, kurz weiterschlagen und zum Schluß das Kirschwasser darunterrühren.

Mein Tip

Achten Sie bei dem Soufflé und dem Sabayon darauf, daß beide zum gleichen Zeitpunkt fertig zubereitet sind.
Das Soufflé geht durch das untergehobene, geschlagene Eiweiß stark auf und fällt nach dem Servieren schnell wieder zusammen. Das Sabayon wird über Wasserdampf aufgeschlagen und verliert durch längeres Stehen seine schaumige Konsistenz bald wieder.

braucht Zeit

12 Stücke

Bisquittorte mit Joghurt-Limetten-creme

Backpapier
50 g Kuvertüre, aufgelöst

Ein Backblech mit Backpapier auslegen. Die flüssige Kuvertüre in ein Tütchen geben und Streifen auf das Backpapier ziehen. Das Blech kühlstellen.

3 Eier
50 g Zucker

Die Eier und den Zucker über einem Wasserbad schaumig schlagen. Die Mischung anschließend kalt schlagen.

4 EL Mehl
5 EL Speisestärke
abgeriebene Schale von 1 Zitrone (unbehandelt)
3 EL Butter, flüssig

Das Mehl und die Speisestärke über die kalte Eimasse sieben und vorsichtig unterheben. Die Zitronenschale und die Butter ebenfalls untermischen. Diese Bisquitmasse auf das Backpapier mit den Kuvertürestreifen streichen. Den Bisquitboden im auf 180°C vorgeheizten Ofen etwa 8 Minuten backen. Ihn nach dem Backen etwas abkühlen lassen.

60 g Johannisbeergelee

Mit Hilfe eines Tortenringes zwei runde Böden aus der Teigplatte ausstechen. Einen Boden im Tortenring liegen lassen und ihn mit dem Johannisbeergelee bestreichen.

300 g Joghurt
75 g Puderzucker
Saft von 1 Limette
5 Blatt Gelatine, in kaltem Wasser eingeweicht
400 g geschlagene Sahne
150 g Erdbeeren

Den Joghurt mit dem Puderzucker verrühren. Den Limettensaft leicht erwärmen, die ausgedrückte Gelatine darin auflösen und alles in den Joghurt rühren.
Danach etwa ⅔ der geschlagenen Sahne unter die Joghurtmischung heben. Die übrige Schlagsahne abgedeckt kühlstellen.
Die Joghurtmasse auf das Johannisbeergelee streichen, den zweiten Bisquitboden darauflegen und alles etwa 1 Stunde kaltstellen.
Die Torte danach mit der restlichen Schlagsahne und den Erdbeeren garnieren.

Mein Tip

Backen Sie den Bisquitteig auf keinen Fall zu lange, er wird sonst hart und eignet sich nicht mehr als Tortenboden. Am besten beobachten Sie den Teig und lassen ihn gerade solange im Ofen, bis er beginnt sich hellbraun zu verfärben.
Stürzen Sie die Teigplatte danach vorsichtig auf ein zweites Blech und legen Sie ein feuchtes Küchenhandtuch auf das Backpapier.
Das Papier läßt sich anschließend problemlos abziehen.

braucht Zeit
12 Stücke

Käsekuchen

150 g Speisestärke
250 g Mehl
1 Prise Salz
160 g Butter
120 g Zucker
2 Eier
½ TL Backpulver

Stärke, Mehl, Salz, Butter, Zucker, Eier und Backpulver in eine Schüssel geben und alles verkneten.
Eine Springform (ø 24 cm) mit etwas Butter einfetten.
Den Mürbeteig auf die Größe der Kuchenform ausrollen, in die Form legen und rundherum einen etwa 3 cm hohen Rand formen.

300 g Zucker
100 g Mehl
2 TL Vanillezucker
5 Eigelbe
etwas Milch

Den Zucker, das Mehl und den Vanillezucker mit den Eigelben vermischen. Zu dem Ganzen eventuell etwas Milch geben, so daß eine cremige Masse entsteht.

800 g Magerquark
300 g geschlagene Sahne
5 Eiweiß

Den Quark und die Sahne dazugeben und alles verrühren.
Die Eiweiße schaumig schlagen und vorsichtig unter die Quarkmasse heben.
Das Ganze auf den Teig geben und den Kuchen im auf 200°C vorgeheizten Backofen etwa 1 Stunde auf der mittleren Schiene backen.
Nach 30 Minuten den Rand mit einem Messer rundherum einritzen.

braucht Zeit
6 Personen

Himbeergelee mit Passionsfruchtschaum

500 g Himbeeren (aus dem Glas oder TK-Produkt)
150 g Zucker
4 EL Himbeergeist

Die Himbeeren zusammen mit dem Zucker in einem Topf etwa 20 Minuten köcheln lassen.
Den Saft durch ein Passiertuch geben, auffangen und mit dem Himbeergeist aromatisieren.

7 Blatt Gelatine, in kaltem Wasser eingeweicht
Klarsichtfolie
500 g frische Himbeeren, gewaschen und trockengetuft

Die Gelatine gut ausdrücken, im Himbeersaft auflösen und alles etwas abkühlen lassen.
Eine Terrinenform (Inhalt etwa 1 Liter) mit Klarsichtfolie auslegen und in eine Wanne mit Eiswasser stellen.
Etwas abgekühlten Himbeersaft in die Terrinenform gießen, kurz gelieren lassen und die frischen Himbeeren daraufsetzen.
Nun schichtweise das Gelee und die Himbeeren einfüllen bis die Terrinenform voll ist. Das Ganze mit einer Geleeschicht beenden und alles einige Stunden kühl stellen.

3 Eigelb
70 g Zucker
100 ml Passionsfruchtsaft
2 Blatt Gelatine, in kaltem Wasser eingeweicht

Die Eigelbe zusammen mit dem Zucker und dem Passionsfruchtsaft über einem Wasserbad so lange schaumig schlagen, bis eine cremige Masse entsteht. Die ausgedrückte Gelatine zu dieser Masse geben und darin auflösen. Das Ganze aus dem Wasserbad nehmen und vollkommen kaltschlagen.
Das Himbeergelee aus der Form stürzen, in Scheiben schneiden und diese zusammen mit der Sauce und eventuell einer Kugel Vanilleeis servieren.

H · e · r

. b . s . t

geht schnell

4 Personen

Zwiebelsuppe unter der Sesam-Blätterteighaube

400 g Zwiebeln
4 EL Butter
2 Knoblauchzehen, fein gehackt
1 TL Mehl
1 EL Weißweinessig
250 ml Weißwein
400 ml Geflügelbrühe

Die Zwiebeln schälen und in feine Streifen schneiden.
Die Butter in einem Topf erhitzen, den gehackten Knoblauch und die Zwiebelstreifen dazugeben und beides so lange dünsten, bis die Zwiebeln glasig sind.
Sie mit Mehl bestäuben, dieses kurz mitrösten und alles mit dem Weißweinessig ablöschen.
Den Weißwein und die Geflügelbrühe ebenfalls dazugeben.

2 Lorbeerblätter
1 Zweig Thymian
15 Kümmelkörner, fein zerdrückt
Salz, Pfeffer
100 g Crème fraîche

Den Lorbeer, den Thymian und den zerdrückten Kümmel in die Suppe geben und diese etwa 20 Minuten zugedeckt köcheln lassen.
Den Thymianzweig und die Lorbeerblätter anschließend wieder entfernen und die Suppe mit Salz und Pfeffer abschmecken.
Sie danach in Suppentassen füllen und etwas abkühlen lassen.
In jede Tasse 1 Eßlöffel Crème fraîche geben.

250 g TK-Blätterteig
2 Eigelb
1 EL Sesamkörner

Den Blätterteig dünn ausrollen. Die Eigelbe mit etwas Wasser verrühren und die Oberseite des Blätterteigs und die Tassenränder damit einstreichen.
Aus dem Blätterteig Kreise ausstechen, die mindestens 2 cm größer sind als der Durchmesser der Tassenränder.
Auf jede Tasse einen Blätterteigkreis legen und diesen vorsichtig an den Tassenrand drücken.
Die Sesamkörner daraufstreuen und die Suppe im auf 220°C vorgeheizten Ofen etwa 12 Minuten backen.

Johann Lafer

Mein Tip

Sie können auch andere Suppen, wie z. B. eine Pilzrahmsuppe oder eine Brokkolicremesuppe mit einer Blätterteighaube servieren. In jedem Fall sollten Sie darauf achten, daß Sie nicht zuviel Suppe in die Tassen geben, denn der Blätterteig geht nicht auf, wenn er auf der Suppe liegt und feucht wird. Reichen Sie besser noch etwas Suppe nach.
Die Flüssigkeit sollte in den Suppentassen kurz abkühlen, da der Blätterteig ansonsten ebenfalls schlechter aufgeht.

braucht Zeit
6 Personen

Kaninchensülze

1 Kaninchen (ca. 1,5 kg)
1 l Wasser
500 ml Weißwein
1 Karotte, kleingeschnitten
¼ Sellerieknolle, kleingeschnitten
1 gebräunte Zwiebelhälfte
½ Stange Lauch, kleingeschnitten
1 Tomate, halbiert
Salz, 5 Pfefferkörner
2 Lorbeerblätter, etwas Salbei

Das Kaninchen vom Metzger in Keulen, Filets, Innereien, Bauchlappen zerteilen lassen und die Knochen grob hacken lassen.
Alle Fleisch- und Knochenteile bis auf Lenden, Filets und Innereien in einen Topf geben und das Wasser und den Wein angießen. Karotte, Sellerie, Zwiebel, Lauch, Tomate, Salz, Pfeffer, Lorbeer und Salbei dazugeben und alles aufkochen lassen. Das Ganze danach auf kleiner Flamme etwa 30 Minuten zugedeckt köcheln lassen. Zwischendurch immer wieder den Schaum abschöpfen.
Die Keulen und die Bauchlappen aus dem Fond nehmen und diesen weitere 30 Minuten ziehen lassen. Ihn danach vorsichtig durch ein feines Sieb geben.

200 g Sellerie
100 g Karotten
100 g Lauch
2 EL Butter
Salz, Pfeffer

Sellerie, Karotten und Lauch putzen, eventuell schälen, in kleine Würfel schneiden und diese in kochendem Salzwasser kurz blanchieren. Sie danach abschrecken und trockentupfen. Die Lenden, die Rückenfilets und die Innereien in der Butter langsam braten und mit Salz und Pfeffer würzen. Die Innereien sollen im Inneren noch rosa sein. Sie nach dem Braten abkühlen lassen.

12 Blatt Gelatine, kalt eingeweicht
Salz, Pfeffer
2 EL Weißweinessig
Klarsichtfolie

Den Kaninchenfond nun auf 1 Liter einkochen lassen und zwischendurch immer wieder das Fett abschöpfen. Die Gelatine ausdrücken und im Kaninchenfond auflösen. Die Flüssigkeit mit Salz, Pfeffer und Weißweinessig abschmecken und etwas erkalten lassen.
In der Zwischenzeit das Fleisch der Keulen von den Knochen lösen und mit dem der Bauchlappen zusammen in kleine Stücke schneiden.
Nun eine Terrinenform (Inhalt etwa 1,5 l) mit Klarsichtfolie auskleiden und auf Eiswürfel stellen. Etwas Fond hineingießen, warten bis er fest wird und dann abwechselnd die Gemüsewürfel, die gebratenen Lendchen, die Innereien, das Bauchlappen- und das Keulenfleisch in die Form schichten. Zwischendurch immer wieder Fond zugeben und erstarren lassen. Das Ganze mit Klarsichtfolie abdecken und für mindestens 12 Stunden in den Kühlschrank stellen.

braucht Zeit
6 Personen

Süss-Sauer eingelegte Gurken

1 ½ Salatgurken
250 ml Wasser
50 g Zucker
4 EL Weißweinessig
5 Dillzweige, 10 Estragonblätter
2 Lorbeerblätter
1 TL Senfkörner
150 g Crème fraîche
einige Spritzer Sherryessig
1 TL Dill, fein geschnitten
Salz, Pfeffer aus der Mühle

Die Gurken schälen, längs halbieren und die Kerne mit einem Teelöffel herausschaben. Die Gurkenhälften in 3 mm dünne Scheiben schneiden.
Das Wasser zusammen mit Zucker, Essig, Dill, Estragon, Lorbeer und Senfkörnern aufkochen lassen. Die Gurkenscheiben dazugeben, alles kurz aufkochen und dann abkühlen lassen. Das Ganze in ein Glas oder eine Schüssel geben, verschließen und 24 Stunden durchziehen lassen.
Die Marinade abschütten und die Gewürze entfernen. Den Sud in einer Schüssel auffangen.
Die Crème fraîche mit Sherryessig, Dill, 3 Eßlöffeln süß-saurem Sud, Salz und frisch gemahlenem Pfeffer verrühren und kräftig abschmecken.
Die Sauce mit den abgetropften Gurken mischen.

geht schnell

6 Personen

Reibekuchen

500 g Kartoffeln
100 g Zwiebeln
60 g Fenchel, in feine Streifen geschnitten
1 EL feingehacktes Fenchelkraut
½ rote Paprika, in feine Streifen geschnitten
1 EL Kartoffelstärke
1 Ei, 1 Eigelb
Salz, Pfeffer, geriebene Muskatnuß

Die Kartoffeln schälen und reiben. Sie in ein Sieb geben und gut ausdrücken. Die Zwiebeln schälen, fein würfeln und mit der Kartoffelmasse vermischen. Fenchelstreifen, gehacktes Fenchelkraut, Paprikastreifen, Kartoffelmehl, Ei und Eigelb dazugeben, alles gut durchrühren und mit Salz, Pfeffer und Muskat abschmecken.

4 EL Öl

Das Öl in einer Pfanne erhitzen und mit einem Eßlöffel kleine Häufchen der Kartoffelmasse hineingeben. Diese mit dem Löffelrücken flachdrücken und von beiden Seiten knusprig goldgelb backen.
Sie auf Küchenpapier abtropfen lassen und zu Forelle, Lachs, Schmand oder Kaviar servieren.

braucht Zeit

6 Personen

Gebeizte Lachsforelle

3 Bund Dill (mit Stielen)
1 Bund Petersilie
1 Bund Kerbel
½ TL Koriander, gemahlen
15 Pfefferkörner
30 Wacholderbeeren

Die Kräuter waschen, trockentupfen und grob schneiden.

600 g Lachsforellenfilet (roh, ohne Haut und Gräten)
2 EL Essig
500 ml Olivenöl
5 EL Salz
1 EL Zucker

Die Hälfte der Kräuter und die Gewürze auf dem Boden einer flachen Form verteilen. Darauf die Lachsforellenfilets legen.
Nun die Hälfte des Essigs und des Öls darüber gießen. Die restlichen Kräuter und Gewürze darauf verteilen.
Zum Schluß die andere Hälfte von Essig und Öl sowie das Salz und den Zucker darüber geben und alles zugedeckt etwa 24 Stunden kühl stellen. Das Lachsforellenfilet nach 12 Stunden wenden.
Das gebeizte Fischfilet zum Servieren aus der Beize nehmen, Salz und Zucker abstreifen und das Filet in sehr dünne Scheiben schneiden.

braucht Zeit

Pilz-Kräuter-Kuchen

4 Personen

50 g Zwiebeln ***50 g durchwachsener Speck*** ***2 EL Öl*** ***200 g Pfifferlinge, geputzt*** ***1 TL Schnittlauch in Röllchen*** ***1 TL gehackte Petersilie*** ***Salz, Pfeffer*** ***geriebene Muskatnuß***	Die Zwiebeln schälen und zusammen mit dem Speck sehr fein würfeln. Das Öl in einer Pfanne erhitzen, die Pfifferlinge darin anbraten. Den Speck dazugeben und glasig werden lassen. Anschließend die Zwiebelwürfel dazufügen und mitanbraten. Die Kräuter unterheben und alles mit Salz, Pfeffer und Muskat würzen. Die Pfifferling-Speck-Zwiebelmischung auskühlen lassen.
300 g TK-Blätterteig	Den Blätterteig sehr dünn ausrollen. 4 Förmchen (ø 10 cm) oder eine Form (ø 24 cm) damit auslegen und am Rand hochziehen. Den Teigboden mit der Gabel mehrmals einstechen. Die Füllung auf den Teig geben.
70 g Sahne ***2 Eier*** ***Salz, Pfeffer*** ***geriebene Muskatnuß***	Die Sahne und die Eier verquirlen und alles mit Salz, Pfeffer und Muskat würzen. Das Ganze auf den Kuchen bzw. die Küchlein gießen. Den bzw. die Kuchen auf der mittleren Einschubleiste im vorgeheizten Backofen bei 220°C etwa 15 Minuten backen. Der größere Kuchen muß etwa 30 Minuten gebacken werden. Den Pilz-Kräuterkuchen vorsichtig aus der Form lösen und sofort servieren. Dazu paßt Feldsalat mit Croûtons.

geht schnell

Pfifferlingsragout

4 Personen

50 g Butter ***500 g Pfifferlinge, geputzt***	Die Butter in einer großen Pfanne erhitzen. Die Pfifferlinge darin anbraten und anschließend mit einer Schaumkelle herausnehmen.
1 Knoblauchzehe, fein gehackt ***50 g Schalotten, fein gewürfelt*** ***1 Zweig Thymian, gehackt***	In der gleichen Pfanne den Knoblauch, die Schalottenwürfel und den gehackten Thymian anbraten.
125 ml Geflügelbrühe ***125 g Sahne*** ***etwas Speisestärke*** ***Salz, Pfeffer***	Die Geflügelbrühe und die Sahne angießen und das Ganze auf ein Drittel der Flüssigkeitsmenge einkochen lassen. Die Sauce mit etwas Speisestärke, die in kaltem Wasser angerührt wurde, binden. Die Pfifferlinge wieder dazugeben, alles mit Salz und Pfeffer abschmecken und nochmals aufkochen lassen.
2 EL geschlagene Sahne ***1 EL gehackte Petersilie***	Zum Schluß die geschlagene Sahne und Petersilie unterheben. Servieren Sie das Pfifferlingsragout zu Semmel- oder Serviettenknödeln.

geht schnell

Sauerkrautsalat mit Räucherfischen

4 Personen

1 Räucherforelle, ohne Haut und Gräten
1 Räuchermakrele, ohne Haut und Gräten
150 g Räucheraal, ohne Haut und Gräten
150 g Räucherlachs, in dünne Scheiben geschnitten

Die Forellenfilets, das Makrelenfilet und den Aal in mundgerechte Stücke zerteilen.

400 g Sauerkraut
2 rote Äpfel, entkernt und in Scheiben geschnitten
100 ml Olivenöl
4 EL Weinessig
1 EL Zitronensaft
1 TL Zucker
Salz, Pfeffer

Das Sauerkraut ausdrücken, zusammen mit Äpfeln, Olivenöl, Weinessig, Zitronensaft, Zucker, Salz und Pfeffer in eine Schüssel geben.

1 rote Zwiebel, in Scheiben geschnitten
2 Chilischoten, entkernt und in Würfel geschnitten
etwas grüner Salat
½ Bund Dill, gehackt

Die Zwiebelscheiben und die Chiliwürfel hinzufügen und alles vermischen.
Den Sauerkrautsalat mit etwas Salat auf Tellern anrichten und die Räucherfischstücke dazulegen.
Das Ganze mit Dill bestreuen.
Dazu paßt Baguette.

Mein Tip

Probieren Sie diesen Salat mit frischem Sauerkraut aus dem Faß. Es wird im Herbst häufig angeboten und eignet sich hervorragend für Rohkostsalate. Der Geschmack ist spritzig und gibt dem Gericht eine besondere Note.
Sauerkraut wird aus Weißkraut hergestellt. Es wird gehobelt, gesalzen und gepreßt. Bei der Lagerung entsteht Milchsäure, die das Kraut haltbar, aber auch bekömmlicher und für den Organismus wertvoller macht.

braucht Zeit

4 Personen

Rehrückenfilet in Walnusskruste mit Selleriepüree

800 g gehackte Rehknochen und Sehnen
etwas Öl
1 rote Zwiebel, grob geschnitten
1 Karotte, gewürfelt
¼ Stange Lauch, gewürfelt
50 g Sellerieknolle, gewürfelt
6 Wacholderbeeren
2 Zweige Thymian
2 Lorbeerblätter
8 Pfefferkörner, 3 Nelken
½ Apfel, entkernt und gewürfelt
1 TL Tomatenmark
300 ml Rotwein
250 ml Wasser

Die Knochen und die Sehnen in einem Bräter mit etwas Öl anbraten und braun rösten.
Danach Zwiebel-, Karotten-, Lauch- und Selleriestücke dazugeben und mitrösten.
Wacholder, Thymian, Lorbeer, Pfefferkörner, Nelken, Apfelwürfel sowie das Tomatenmark dazugeben und alles nochmals anrösten.
Das Ganze anschließend mit dem Rotwein und dem Wasser ablöschen und etwa 1 Stunde zugedeckt köcheln lassen.
Zwischendurch immer wieder den Schaum abschöpfen.
Den Wildfond durch ein Haarsieb gießen, entfetten und für die Sauce weiterverwenden.

1 rote Zwiebel, in Streifen geschnitten
1 EL Öl
200 ml Johannisbeersaft
2 EL Orangenlikör
Salz, Pfeffer, 1 EL Honig
4 EL Preiselbeeren aus dem Glas

Die Zwiebelstreifen im Öl andünsten.
Johannisbeersaft, Wildfond und Orangenlikör dazugeben und alles auf ¼ der Flüssigkeitsmenge einkochen lassen.
Die Sauce anschließend mit Salz, Pfeffer und Honig abschmecken und die Preiselbeeren hineingeben.

125 g Butter, zimmerwarm
1 Eigelb
3 Wacholderbeeren, fein zerstoßen
1 Zweig Thymian, gehackt
70 g Semmelbrösel
80 g Walnüsse, fein gehackt
Salz, Pfeffer
Klarsichtfolie
400 g Sellerie, geschält
300 g Sahne
Salz, Cayennepfeffer
geriebene Muskatnuß
2 EL geschlagene Sahne

Die Butter schaumig rühren und das Eigelb, die Wacholderbeeren, den Thymian und die Semmelbrösel dazugeben.
Die Walnüsse in einer Pfanne ohne Fett goldgelb rösten, abkühlen lassen und zur Buttermasse geben. Diese mit Salz und Pfeffer abschmecken.
Das Ganze in der Größe des Rehrückenfilets auf Klarsichtfolie streichen, mit Folie abdecken und kühlstellen.
In der Zwischenzeit den Sellerie kleinwürfeln und in einen Topf geben. Die Sahne dazugeben und alles aufkochen lassen. Das Ganze etwa 15 Minuten köcheln lassen.
Den weichgekochten Sellerie mit dem Pürierstab pürieren und durch ein Sieb streichen. Das Püree mit Salz, Cayennepfeffer und Muskat abschmecken und die geschlagene Sahne unterheben.

1,2 kg Rehrückenfilet
Salz, Pfeffer
3 EL Öl
1 Zweig Thymian
2 Wacholderbeeren

Das Rehrückenfilet mit Salz und Pfeffer würzen und von allen Seiten im heißen Öl anbraten. Den Thymianzweig und die Wacholderbeeren dazugeben und den Bräter für etwa 10 Minuten in den auf 200°C vorgeheizten Ofen stellen. Das Fleisch anschließend herausnehmen und zugedeckt warmhalten.
Die Walnußkruste aus der Folie nehmen, auf das Rehrückenfilet legen und unter dem Grill etwa 2 Minuten goldbraun überbacken. Dazu passen gebratene Schupfnudeln.

Schweinerücken mit in Portwein eingelegten Pflaumen

braucht Zeit
6 Personen

300 g Dörrpflaumen, entsteint
200 ml Portwein

Die Dörrpflaumen zwei Tage vor dem Essen in den Portwein einlegen und zugedeckt kühl stellen.

1,5 kg Schweinerücken

In den Schweinerücken mit einem langen Messer von beiden Seiten eine schmale Öffnung hineinschneiden, diese mit einem Kochlöffelstiel auseinanderdrücken. Die eingelegten Dörrpflaumen solange hineindrücken, bis der Schlitz gefüllt ist. Den Rest der Dörrpflaumen zusammen mit dem Portwein aufbewahren.

Salz, Pfeffer
1 TL Kümmel, gehackt
1 EL Schweineschmalz oder Öl
1 Karotte, gewürfelt
¼ Lauchstange, gewürfelt
1 große Zwiebel, gewürfelt
¼ Sellerieknolle, gewürfelt
3 Knoblauchzehen, feingehackt
1 Flasche dunkles Bier
100 ml Rinderfond

Das Fleisch mit Salz, Pfeffer und gehacktem Kümmel einreiben. Das Fett in einem Bräter erhitzen und den Schweinerücken darin von allen Seiten anbraten. Karotte, Lauch, Zwiebel, Sellerie und Knoblauch dazugeben und mitanbraten. Das Bier und den Fond zu dem Fleisch und dem Gemüse geben und alles für 1 Stunde im auf 200°C vorgeheizten Ofen garen.
Das Fleisch zwischendurch immer wieder mit der Flüssigkeit aus dem Bräter übergießen, damit es schön saftig bleibt.
Den Bräter anschließend aus dem Ofen nehmen, das Fleisch warm stellen, die Sauce durch ein feines Sieb geben und entfetten.

2 EL Speisestärke
Salz, Pfeffer

Die Speisestärke mit dem verbliebenen Portwein anrühren und in die Sauce geben. Diese noch etwas einkochen lassen und mit Salz und Pfeffer abschmecken.
Die übrigen Dörrpflaumen als Einlage in die Sauce geben.

Lauwarmer Krautsalat

geht schnell
6 Personen

1 kleiner Weißkohl
Salz

Den Weißkohl putzen, den Strunk entfernen und die Blätter in ganz feine Streifen schneiden. Diese in Salzwasser blanchieren und anschließend abtropfen lassen.

500 ml Wasser
1 TL Kümmel
etwas Essig
1 TL Salz, 1 TL Zucker

Das Wasser aufkochen, Kümmel, Essig, Salz und Zucker dazugeben und über das Kraut gießen.
Das Ganze etwa 20 Minuten zugedeckt stehen lassen und danach in ein Sieb geben. Die Flüssigkeit wird nicht mehr weiterverwendet.

200 g magerer Schweinespeck, gewürfelt
1 große Zwiebel, gewürfelt
etwas Öl
60 ml Essig

Die Speck- und die Zwiebelwürfel im Öl kroß anbraten. Alles mit dem Essig ablöschen und zusammen mit dem Kraut in eine Schüssel geben.

80 ml Öl
Salz, Pfeffer
etwas Paprikapulver

Den Salat mit dem Öl, Salz, Pfeffer und dem Paprikapulver pikant anmachen und zu dem Schweinebraten servieren.
Dazu passen Schupfnudeln.

geht schnell
2 Personen

Zander unter der Kartoffelkruste

2 Zanderfilets (à 180 g, küchenfertig vorbereitet)
etwas Salz
1 EL Zitronensaft

Die Filets waschen, trockentupfen und mit etwas Salz und Zitronensaft marinieren.

2 – 3 mittelgroße Kartoffeln
1 Ei

Die Kartoffeln schälen und in 1 mm dicke Scheiben schneiden. Aus diesen mit einem Ausstecher kleine, runde Kreise ausstechen. Das Ei verquirlen und die Zanderfilets damit bestreichen. Sie anschließend mit den Kartoffelscheiben schuppenartig belegen.

etwas Olivenöl
Salz, Pfeffer

Das Öl in einer Pfanne heiß werden lassen, die Zanderfilets mit der Kartoffelseite nach unten hineinlegen und die Kartoffeln hellbraun anbraten.
Die Fischfilets mit einer Palette vorsichtig aus der Pfanne nehmen, umdrehen, auf einen feuerfesten Teller legen und im auf 200°C vorgeheizten Ofen 5 – 8 Minuten garen. Sie mit Salz und Pfeffer würzen.

20 g Schalotten, fein gehackt
1 TL Butter
80 ml trockener Weißwein
50 ml Vermouth
120 ml Fischfond
120 g Sahne
etwas Zitronensaft
2 EL Butter, kalt
2 EL geschlagene Sahne

Die Schalottenwürfel in der Butter andünsten. Sie mit dem Weißwein und dem Vermouth ablöschen und alles auf die Hälfte der Flüssigkeitsmenge einkochen lassen.
Den Fischfond, etwas Zitronensaft und die Sahne dazugeben und alles erneut auf die Hälfte einkochen lassen.
Die Butter und die geschlagene Sahne dazufügen und alles mit dem Schneebesen oder dem Pürierstab schaumig aufschlagen.

geht schnell
2 Personen

Linsengemüse

60 g Linsen

Die Linsen über Nacht in Wasser einweichen.

½ Zwiebel, gewürfelt
1 EL Öl
125 ml Brühe
Salz, Pfeffer
1 EL Butter
etwas Balsamico

Sie am nächsten Tag in ein Sieb geben und abtropfen lassen.
Die Zwiebelwürfel im Öl anschwitzen und die Linsen dazugeben. Die Brühe angießen und alles etwa 30 Minuten köcheln lassen, bis die Linsen gar sind.
Das Gemüse in ein Sieb geben, abtropfen lassen und mit Salz und Pfeffer würzen.
Zum Schluß die Butter und den Balsamico darunterheben.

geht schnell

4 Personen

Käsnockerln mit Krautsalat

700 g Weißkraut ***1 EL Salz*** ***1 EL Kümmel*** ***200 ml Wasser*** ***100 ml milder Essig*** ***100 g magerer Speck***	Das Weißkraut in feine Streifen schneiden und in eine Schüssel geben. Das Salz und den Kümmel dazugeben und alles gut durchkneten. Den Salat mindestens 1 Stunde ziehen lassen. Das Wasser zusammen mit dem Essig aufkochen, das Ganze zu dem Weißkraut geben und alles gut vermengen. Den Speck in kleine Würfel schneiden und in einer Pfanne knusprig ausbacken. Ihn danach auf den Krautsalat streuen.
500 g Mehl, gesiebt ***3 Eier*** ***etwas Wasser*** ***Salz***	Aus Mehl, Eiern, Wasser und Salz einen Teig herstellen und diesen 1 Minute mit der Hand durchschlagen. Aus dem Teig mit Hilfe eines Teigschabers oder einer Nockerlpresse Nockerln herstellen und diese in kochendem Salzwasser garen. Sie danach in ein Sieb schütten, kalt abspülen und abtropfen lassen.
2 EL Butter, 100 g Gruyèrekäse ***evtl. etwas Petersilie***	Die Butter erhitzen und die Nockerln darin goldgelb anbraten. Sie noch einmal würzen und den geriebenen Käse und evtl. etwas gehackte Petersilie daraufstreuen.

geht schnell

Walnussknödel

6 Personen

250 ml Milch *5 EL Butter* *1 TL Salz* *90 g gehackte Walnüsse, in einer Pfanne ohne Fett geröstet* *75 g Grieß*	Die Milch zusammen mit der Butter und dem Salz aufkochen lassen. Die gehackten Walnüsse hineinrühren und alles noch einmal aufkochen lassen. Den Grieß dazugeben und die Masse mit einem Kochlöffel solange rühren bis sie sich vom Topfboden löst. Sie danach in eine Schüssel umfüllen und auskühlen lassen.
1 Ei *1 TL Walnußöl* *Salz*	Anschließend das Ei und das Walnußöl darunterrühren. Aus dem Teig kleine Knödel formen und diese in fast siedendem Salzwasser etwa 10 Minuten gar ziehen lassen.
2 EL Butter *3 EL Semmelbrösel* *4 EL geriebene Walnüsse* *1 Prise Salz*	Die Butter in einer Pfanne erhitzen, die Semmelbrösel und die geriebenen Walnüsse darin anschwitzen und alles mit einer Prise Salz würzen. Die Walnußbrösel über die Knödel geben oder diese darin wälzen.

braucht Zeit

6 Personen

Martinsgans mit herzhaft eingelegten Äpfeln

1 Gans (2 – 3 kg Gewicht)

Die Flügel der Gans abschneiden und sie zusammen mit den Innereien entfernen. Die Gans waschen und trockentupfen.

3 EL Butter
300 g Zwiebeln, in Scheiben geschnitten
300 g Äpfel, entkernt und gewürfelt
2 EL Rosinen
1 Zweig Majoran, gezupft
Salz, Pfeffer
geriebene Muskatnuß
½ Bund Petersilie, gehackt

Die Butter in einer Pfanne erhitzen und die Zwiebel- und die Apfelstücke darin anbraten.
Rosinen, Majoran, Salz, Pfeffer, Muskat und Petersilie dazugeben.

Salz, Pfeffer aus der Mühle
3 EL Öl
375 ml Wasser

Die Gans von außen und innen mit Salz und Pfeffer würzen.
Die Apfel-Zwiebel-Füllung in die Gans geben und die Öffnung mit Küchengarn zubinden.
Nun die Gans in einem Bräter in dem Öl von allen Seiten gut anbraten. Sie danach 2 Stunden im auf 200°C vorgeheizten Ofen garen. Nach 15 Minuten das Waser über die Gans gießen. Sie danach immer wieder mit Bratensaft übergießen.

etwas Geflügelfond
Salz, Pfeffer

Die Gans aus dem Ofen nehmen und auf ein Backofengitter legen. Die Sauce durch ein Sieb gießen, entfetten und eventuell mit etwas Geflügelfond verdünnen. Sie danach mit Salz und Pfeffer abschmecken.

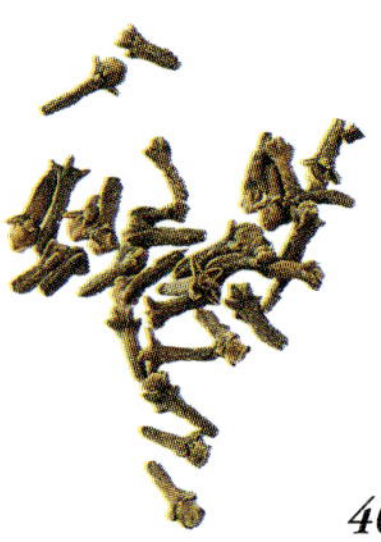

3 EL Butter
80 g Honig

Die Butter erhitzen, den Honig dazugeben, beides verrühren und die Gans damit einpinseln. Sie danach 5 Minuten in den auf 250°C vorgeheizten Ofen schieben, damit sie eine goldgelbe Kruste bekommt.

400 ml Apfelsaft
3 Nelken
1 Zimtstange
14 Pfefferkörner
3 Sternanis
2 EL Zucker
3 EL Obstessig
4 Äpfel, geschält, entkernt, in Spalten geschnitten

Den Apfelsaft zusammen mit den restlichen Zutaten aufkochen und die Apfelspalten hineingeben. Sie in dem Sud garziehen lassen, aber nicht mehr kochen. Die Äpfel ohne Saft als Beilage zu der Gans servieren.
Dazu passen Rotkraut (Rezept S.134) und Kartoffelknödel (Rezept S. 140).

braucht Zeit

4 Personen

Rostbraten mit zweierlei Zwiebeln überbacken

4 Rumpsteaks (à 200 g), vom Metzger plattgeklopft
Salz, Pfeffer
2 EL Mehl
3 EL Pflanzenöl

Das Fleisch mit Salz und Pfeffer würzen und im Mehl wenden.
Es im heißen Öl von beiden Seiten etwa 2 Minuten anbraten. Der Rostbraten soll knusprig braun sein.

250 g weiße Zwiebeln, in feine Scheiben geschnitten
200 g rote Zwiebeln, in feine Scheiben geschnitten
200 g Champignons, geputzt und halbiert
Salz, Pfeffer
400 ml Kalbsfond

Den Rostbraten aus der Pfanne nehmen, warmstellen und in derselben Pfanne die Zwiebeln goldgelb anbraten.
Die Champignons zu den Zwiebeln geben, beides mit Salz und Pfeffer würzen und den Kalbsfond angießen. Alles etwa 35 Minuten köcheln.
Das Ganze anschließend in ein Sieb geben, die Sauce in einem Topf auffangen und etwas einkochen lassen. Sie mit Salz und Pfeffer abschmecken.

1 TL Senf
1 EL gehackte Petersilie
Salz, Pfeffer

Die Zwiebeln und die Champignons aus dem Sieb in eine Schüssel geben und mit dem Senf, der Petersilie, Salz und Pfeffer abschmecken.

3 EL Semmelbrösel
1 Zweig Thymian, fein gehackt
1 EL Butter, kalt

Das Fleisch in eine feuerfeste Form geben und die Zwiebel-Champignon-Masse darauf verteilen.
Die Semmelbrösel und den Thymian mischen und auf die Zwiebel-Champignon-Mischung streuen.
Die Butter in ganz dünne Scheiben schneiden und diese auf die Zwiebel-Champignon-Mischung legen.
Das Ganze im auf 230°C vorgeheizten Ofen etwa 10 Minuten garen, bis die Kruste eine goldgelbe Farbe hat.
Als Beilage eignen sich Bratkartoffeln oder Kartoffelpüree.

Johann Lafer

Mein Tip

Rote und weiße Zwiebeln findet man immer häufiger in den Gemüseabteilungen der Supermärkte oder beim Gemüsehändler.
Sie sind etwas teurer als normale Küchenzwiebeln und nicht so lange haltbar, haben aber, verglichen mit der gelbbraunen Haushaltszwiebel, einen weniger scharfen, aber dennoch würzigen Geschmack.

braucht Zeit
6 Personen

Gekochte Lammschulter mit Zitronen-Kapern-Sauce

1,5 kg Lammschulter ohne Knochen
Salz, Pfeffer
4 Zehen Knoblauch, fein gehackt
Küchengarn

Die Lammschulter flach ausbreiten, von allen Seiten mit Salz und Pfeffer würzen, mit Knoblauch einreiben und mit Küchengarn zusammenbinden.

2 EL Öl
100 g Schalotten, grob geschnitten
Schale von 1 Zitrone (unbehandelt)
1 Zweig Rosmarin
4 Knoblauchzehen, ungeschält
750 ml Lammfond

Das Öl in einem Bräter erhitzen und das Fleisch darin rundherum kräftig anbraten. Schalotten, Zitronenschale, Rosmarin und Knoblauch dazugeben und mitanbraten.
Den Lammfond angießen und die Lammschulter im geschlossenen Bräter im auf 180°C vorgeheizten Ofen 1 Stunde garen.

30 g Schalotten, gehackt
4 EL Butter
2 EL Zitronensaft
100 g Sahne
Filets von 2 Zitronen
2 EL Kapern
1 EL gehackte Petersilie
1 EL Crème fraîche
1 EL geschlagene Sahne

Die Schalotten in der Butter anschwitzen, mit dem Zitronensaft und 400 ml Lammfond aus dem Bräter ablöschen.
Die Sahne dazugeben und alles einkochen lassen.
Die restlichen Zutaten in die Sauce geben.
Die Lammschulter vor dem Servieren in Scheiben schneiden.
Dazu passen Kartoffelgratin und Bohnengemüse.

geht schnell
6 Personen

Bohnengemüse

250 g Strauchbohnen, geputzt, gewaschen und in Stücke geschnitten
Salz

Die Bohnenstücke kurz im Salzwasser blanchieren, abschrecken und gut abtropfen lassen.

80 g Speck, in Streifen geschnitten
2 EL Butter
50 g Schalotten, gehackt
Salz, Pfeffer
1 Zweig Bohnenkraut, gehackt

Den Speck und die Schalotten in der Butter anschwitzen. Die abgetropften Bohnen dazugeben. Das Gemüse mit Salz und Pfeffer würzen und zum Schluß das Bohnenkraut daruntermischen.

geht schnell

Schweinemedaillons im Röstimantel

4 Personen

4 große Kartoffeln (festkochend)

Die Kartoffeln schälen und in sehr dünne Scheiben hobeln. Die Scheiben anschließend in dünne Stifte schneiden und diese in eine Schüssel mit Wasser geben. (Die Kartoffelstifte sollten nicht mehr als Strichholzdicke haben.)

8 Schweinemedaillons (à ca. 90 g)
Salz
schwarzer Pfeffer aus der Mühle

Die Schweinemedaillons mit Salz und Pfeffer würzen. Die Kartoffelstifte aus dem Wasser nehmen, mit Küchenpapier gut trockentupfen und eine etwa halbfingerdicke Schicht auf jedes Medaillon geben und leicht andrücken.

3 EL Pflanzenöl

Das Pflanzenöl in einer Pfanne erhitzen, die Schweinemedaillons mit der Röstiseite ins heiße Öl geben und so lange braten, bis die Kartoffelstifte eine schöne, goldbraune Farbe haben.
Die Schweinemedaillons mit einer Palette vorsichtig umdrehen und von der anderen Seite noch etwa 5 Minuten braten.

geht schnell

Gedünsteter Fenchel

4 Personen

2 Fenchelknollen

Die geputzten Fenchelknollen in 5 mm dicke Scheiben schneiden. Das Fenchelgrün aufbewahren.

2 EL Mehl
3 EL Öl
½ Zwiebel, gewürfelt
100 ml Geflügelbrühe
1 EL trockener Vermouth
Salz, Pfeffer
100 g Tomaten, gewürfelt

Die Scheiben in Mehl wenden, in einer Pfanne im heißen Öl leicht anbraten und Zwiebelwürfel dazugeben.
Die Geflügelbrühe und den Vermouth angießen und etwas einkochen lassen.
Das Ganze mit Salz und Pfeffer würzen, zuletzt das Fenchelgrün und die Tomatenwürfel untermischen.

geht schnell

Schnittlauch-Crème-Fraîche

4 Personen

100 g Crème fraîche
Saft von 1 Zitrone
Salz, Pfeffer
1 Bund Schnittlauch, fein geschnitten
3 EL Milch

Alle Zutaten verrühren. Die Sauce zu dem Fleisch und dem Fenchelgemüse servieren.
Schnittlauch-Créme-Fraîche paßt auch sehr gut zu Kartoffelgerichten und kurzgebratenem Fleisch oder Fisch.

braucht Zeit

4 Personen

Bratwursttorte mit Sauerkraut und gerösteten Zwiebeln

300 g Mehl
150 g Butter
½ TL Salz
1 Ei
4 – 6 EL Wasser
Klarsichtfolie

Mehl, Butter und Salz mit den Händen zu Krümeln verreiben. Das Ei und das Wasser nach und nach dazugeben und rasch verkneten. Den Teig in Folie einpacken und für 1 Stunde in den Kühlschrank legen.

Alufolie
etwa 500 g Linsen, getrocknet

Ihn anschließend ausrollen und in einen Tortenboden (ø 26 cm) legen. Rund herum einen etwa 4 cm hohen Rand formen. Den Teig blind backen. (Man legt den Teig mit Alufolie aus, gibt die Linsen hinein und backt das Ganze im vorgeheizten Ofen bei 200°C etwa 20 Minuten).

2 große Gemüsezwiebeln, in Scheiben geschnitten
4 EL Öl

In der Zwischenzeit die Zwiebelscheiben im Öl goldgelb braten, bis sie knusprig sind.

400 g Sauerkraut, ausgedrückt

Den Teig aus dem Ofen nehmen, die Linsen und die Alufolie entfernen und ihn etwas auskühlen lassen. Anschließend das Sauerkraut hineingeben.

4 Bratwurstschnecken
2 EL Öl

Die Bratwurstschnecken aufrollen und zu einer großen Schnecke zusammenrollen. Diese in einer Pfanne im heißen Öl von beiden Seiten anbraten und danach auf das Sauerkraut legen. Die Zwiebeln darauf verteilen.

100 ml Milch
200 g Sahne
2 Eigelb
2 Eier
Salz, Pfeffer
geriebene Muskatnuß

Milch, Sahne, Eigelbe, Eier, Salz, Pfeffer und Muskat verquirlen und alles auf die Torte gießen.
Sie anschließend im auf 200°C vorgeheizten Ofen etwa 25 Minuten backen.
Die Milch-Sahne-Eimasse sollte gestockt sein und der Teig eine hellbraune Farbe haben.
Dazu paßt ein frischer Salat.

Mein Tip

Servieren Sie zu diesem Gericht einen Federweißen. Federweißer ist Traubenmost, der schon begonnen hat zu gären.
Er hat einen spritzig, frischen Geschmack und paßt hervorragend zu der kräftigen Bratwursttorte. Federweißer hat einen hohen Vitamingehalt und wirkt verdauungsanregend.

braucht Zeit

6 Personen

Gewürztraminercreme mit Cassisbirne

2 Eier
4 EL Zucker
abgeriebene Schale von
½ Zitrone (unbehandelt)
1 TL Vanillezucker
4 EL Speisestärke
3 EL Mehl
etwas Wasser
evtl. Klarsichtfolie

Die Eier, den Zucker, die Zitronenschale und den Vanillezucker schaumig schlagen, bis die Masse weiß wird. Die Speisestärke und das Mehl daraufsieben und vorsichtig unterheben.
Ein Blech mit Backpapier auslegen, die Masse gleichmäßig darauf verteilen und glattstreichen.
Sie im auf 200°C vorgcheizten Ofen etwa 10 Minuten backen. Die Teigplatte herausnehmen, umdrehen, das Papier mit Wasser einstreichen und abziehen.
Aus der Teigplatte 6 Kreise (ø 8 cm) ausstechen und diese in Metallringe (ø 8 cm) legen. (Ersatzweise können Sie Souffléförmchen mit Folie auskleiden und die Teigkreise hineinlegen.)

3 Eigelb
50 g Puderzucker

Die Eigelbe mit dem Puderzucker schaumig rühren.

4 Blatt Gelatine
170 ml Gewürztraminer, Auslese
1 EL Zitronensaft
1 Eiweiß, steifgeschlagen
80 g geschlagene Sahne

Die Gelatine in kaltem Wasser einweichen und anschließend ausdrücken.
Den Wein leicht erwärmen, die Gelatine darin auflösen und alles mit der Eier-Zucker-Mischung verquirlen.
Den Zitronensaft darunterrühren und das Ganze solange kühlen, bis die Masse anfängt zu gelieren. Anschließend den Eischnee und die Sahne darunterheben.
Die Creme nun auf den Bisquitkreisen verteilen und glattstreichen.
Alles zugedeckt kühl stellen.

600 ml schwarzer Johannisbeersaft
150 g Zucker
1 EL schwarzes Johannisbeergelee
2 Gewürznelken
½ Zimtstange
Saft von ½ Orange
3 Birnen, halbiert, entkernt

Johannisbeersaft, Zucker, Gelee, Gewürze und Orangensaft aufkochen und auf die Hälfte der Flüssigkeitsmenge einkochen lassen.
Danach die Birnenhälften dazugeben und alles noch einmal kurz aufkochen lassen.
Das Ganze anschließend auskühlen lassen.

150 ml Vanillesauce

Die Teigkreise mit der Gewürztraminercreme aus den Ringen lösen und auf Teller setzen.
Die Birnenhälften fächerförmig aufschneiden und neben der Creme anrichten.
Das Ganze mit Vanillesauce verzieren.

braucht Zeit
4 Personen

Weisse Schokoladenmousse mit flambierten Bananen

1 Ei ***1 EL Wasser***	Das Ei mit dem Wasser verquirlen und in einem heißen, aber nicht kochenden Wasserbad aufschlagen.
2 Blatt Gelatine	Die Gelatine in kaltem Waser einweichen, ausdrücken und in der Eimasse auflösen.
125 g weiße Schokolade, aufgelöst ***abgeriebene Schale von*** ***1 Orange (unbehandelt)*** ***2 EL Orangenlikör*** ***300 g geschlagene Sahne***	Die Eimasse in die aufgelöste Schokolade geben und die Orangenschale sowie den Orangenlikör dazugeben. Anschließend die geschlagene Sahne darunterheben und alles für etwa 2 Stunden kühl stellen.
50 g brauner Kandiszucker ***abgeriebene Schale von*** ***1 Limone (unbehandelt)*** ***abgeriebene Schale von*** ***1 Orange (unbehandelt)*** ***5 EL Zitronensaft*** ***5 EL Orangensaft***	Den Kandiszucker in einer Pfanne schmelzen. Die abgeriebene Limonenschale und Orangenschale dazugeben und mitrösten. Das Ganze mit dem Zitronen- und dem Orangensaft ablöschen und etwas einkochen lassen.
2 Bananen, geschält und geviertelt ***1 TL Zimtpulver*** ***1 EL Orangenlikör*** ***1 EL Rum, 70%*** ***2 EL Butter***	Die Bananen und den Zimt in die eingekochte Flüssigkeit geben und mit Orangenlikör und Rum flambieren. Die Früchte anschließend herausnehmen und die Butter in die Pfanne geben. Alles noch einmal erhitzen. Von der Mousse Nocken abstechen, die Bananen dazugeben und das Ganze mit der Sauce übergießen.

braucht Zeit
4 Personen

Falsche Kastaniennudeln

600 g Kastanien ***Salz***	Die Kastanien mit der Schale in Salzwasser etwa 30 Minuten köcheln lassen. Sie dann aus dem Wasser nehmen, etwas abkühlen lassen, halbieren und mit einem kleinen Löffel das Kastanienfleisch herauslösen und durch ein feines Sieb streichen.
50 g Butter ***150 g Puderzucker*** ***4 EL Rum***	Die Butter mit dem Puderzucker und dem Rum schaumig schlagen und mit dem Kastanienpüree mischen. Die Masse zugedeckt kühlstellen.
200 g Sahne ***4 EL Zucker*** ***150 g Preiselbeeren*** ***4 Kugeln Vanilleeis***	Die Sahne mit dem Zucker steifschlagen. Mit einem Spritzbeutel große Rosetten (die Mitte freilassen) auf gut gekühlte Teller spritzen. Die Preiselbeeren in die Mitte der Rosetten geben. Darauf die Vanilleeiskugeln setzen und dann die gekühlte Kastanienmasse mit Hilfe einer feinen Spätzlepresse daraufdrücken, so daß eine Kuppel aus lauter dünnen Kastanienfäden entsteht.

braucht Zeit

ZWETSCHGENKNÖDEL

6 Personen

700 g Kartoffeln (mehlig kochend)
3 EL Butter
160 g Mehl
60 g Weizengrieß
1 Eigelb
1 Prise Salz

Die Kartoffeln kochen und danach gut ausdämpfen lassen.
Sie schälen, noch heiß durch eine Presse oder ein Sieb drücken und zusammen mit den restlichen Zutaten zu einem Teig verkneten.

30 Zwetschgen
30 Stücke Würfelzucker
Salz

Die Zwetschgen waschen, mit dem Stiel eines Kochlöffels entkernen und je ein Stück Würfelzucker in die Öffnung geben. Den Teig ausrollen, die Früchte damit umhüllen und Knödel formen.
Diese in kochendem Salzwasser etwa 10 Minuten ziehen lassen.

80 g Butter
100 g Semmelbrösel
abgeriebene Schale von ½ Orange (unbehandelt)
abgeriebene Schale von ½ Zitrone (unbehandelt)
1 TL Vanillezucker
4 EL Zucker

Die Butter in einer Pfanne zerlaufen lassen, die Semmelbrösel dazugeben und anschwitzen. Abgeriebene Orangen- und Zitronenschale, Vanillezucker und Zucker daruntermischen.
Die Knödel aus dem Wasser nehmen, abtropfen lassen und mit der Bröselmischung servieren.
Dazu passen Vanilleeis und Rumsauce.

geht schnell

4 Personen

Karamelisierter Apfelpfannkuchen

80 g Mehl, 2 EL Zucker
abgeriebene Schale von ½ Zitrone (unbehandelt)
1 Msp. Backpulver, 1 Prise Salz
3 EL Milch
2 Eier
3 EL Butter, flüssig

Mehl, Zucker, abgeriebene Zitronenschale, Backpulver, Salz, Milch, Eier und Butter in eine Schüssel geben und verquirlen.

3 feste Äpfel

Die Äpfel schälen, entkernen und in dünne Spalten schneiden.

1 EL Butter

Die Butter in einer gußeisernen Pfanne erhitzen, ¼ der Apfelspalten kreisförmig in die Pfanne geben und ¼ des Pfannkuchenteiges ganz dünn darübergießen. Das Ganze etwa 5 Minuten im auf 200°C vorgeheizten Ofen oder bei geringer Hitze auf dem Herd garen.

4 EL Zucker
etwas Calvados
evtl. etwas Puderzucker

Die Pfanne aus dem Ofen nehmen, den Pfannkuchen etwas zur Seite schieben, 1 Eßlöffel Zucker darunterstreuen, diesen durch Schütteln in der Pfanne verteilen und im Ofen oder auf dem Herd karamelisieren lassen.
Den Pfannkuchen umgedreht auf einen Teller geben, mit Calvados beträufeln und sofort servieren. Evtl. Puderzucker darüberstäuben. Weitere 3 Pfannkuchen backen. Dazu paßt Vanilleeis.

braucht Zeit

4 Personen

Haselnussparfait

70 g Zucker ***200 g gehackte Haselnüsse*** ***100 ml heißes Wasser***	Den Zucker in einer Pfanne leicht karamelisieren lassen. Die Nüsse dazugeben, kurz darin schwenken und anschließend mit dem Wasser ablöschen. Das Ganze etwas einkochen lassen.
5 Eigelb, 2 Eier ***1 TL Zimtpulver*** ***50 g Zucker*** ***50 g Nougat, geraspelt*** ***2 EL Rum*** ***2 EL Schokoladenlikör*** ***300 g geschlagene Sahne***	Eigelbe, Eier, Zimt und Zucker über einem Wasserbad aufschlagen. Den Nougat, fein zerkleinert, dazugeben und alles verrühren. Den Rum, den Schokoladenlikör und die karamelisierten Nüsse daruntermischen und alles nochmals aufschlagen, danach kalt schlagen. Die geschlagene Sahne anschließend darunterheben.
Klarsichtfolie	Eine kleine Kastenform mit der Klarsichtfolie auskleiden und die Parfaitmasse hineinfüllen. Das Ganze für einige Stunden in den Gefrierschrank stellen.

braucht Zeit

4 Personen

Schlosserbuben

500 ml Rotwein ***500 ml roter Portwein*** ***250 ml schwarzer Tee*** ***130 g Honig*** ***2 Vanilleschoten, längs halbiert*** ***abgeriebene Schale von je 1 Zitrone und 1 Orange (unbehandelt)*** ***24 Dörrpflaumen, entsteint***	Den Rotwein, den Portwein und den schwarzen Tee aufkochen und etwas einkochen lassen. Honig, Vanilleschoten, Zitronen- und Orangenschale sowie die Dörrpflaumen in den heißen Sud geben und alles für einige Stunden zugedeckt kühl stellen.
50 g Marzipan ***24 ganze, geschälte Mandeln*** ***2 EL Speisestärke***	Die Dörrpflaumen aus dem Sud nehmen, gut abtropfen lassen und mit dem Marzipan und den Mandeln füllen. Die gefüllten Pflaumen auf Holzspieße stecken und in der Stärke wenden.
3 Eigelb ***125 ml Weißwein*** ***2 EL Öl*** ***140 g Mehl, gesiebt*** ***2 Eiweiß*** ***1 Prise Salz, 1 TL Zucker***	Die Eigelbe mit dem Weißwein und dem Öl verrühren. Das Mehl dazugeben und alles glattrühren. Die Eiweiße mit einer Prise Salz und dem Zucker steifschlagen und unter die Masse heben.
500 ml Öl	Das Öl erhitzen. Die Pflaumen in den Teig tauchen und im Öl ausbacken. Sie auf Küchenpapier abtropfen lassen.
2 EL Zucker ***20 g geriebene Kuvertüre*** ***etwas Puderzucker***	Den Zucker mit der Kuvertüre vermischen. Darin die gebackenen Dörrpflaumen wälzen und sie mit dem Puderzucker bestreuen. Dazu passen Vanillesauce, Himbeermark und Melisse als Dekoration.

W · i · n

· t · e · r

braucht Zeit

4 Personen

Rinderessenz mit Steinpilzflädli

1 große Karotte
¼ Lauchstange
⅛ Sellerieknolle
1 l Fleischbrühe (kalt)
350 g Rindfleisch (am besten Rinderhesse), vom Metzger durch die grobe Scheibe des Fleischwolfs gegeben
3 Zweige Petersilie
1 Zweig Thymian, etwas Lorbeer
6 Pfefferkörner
4 Eiweiß
Salz, Pfeffer
geriebene Muskatnuß

Das Gemüse putzen und kleinschneiden.
Es zusammen mit der Fleischbrühe und dem Rindfleisch in einen Topf geben, Petersilie, Thymian, Lorbeer, Pfefferkörner, Eiweiße, Salz, Pfeffer und Muskat dazugeben. Alles einmal gut durchrühren, erhitzen und leicht köcheln lassen, dabei nicht mehr umrühren.
Das Ganze etwa 45 Minuten bei sehr schwacher Hitze sieden lassen, anschließend sehr vorsichtig mit einer Kelle durch ein mit einem Passiertuch ausgelegtes Sieb geben (nicht schütten) und nochmals abschmecken.
Die Suppe zugedeckt warmhalten.

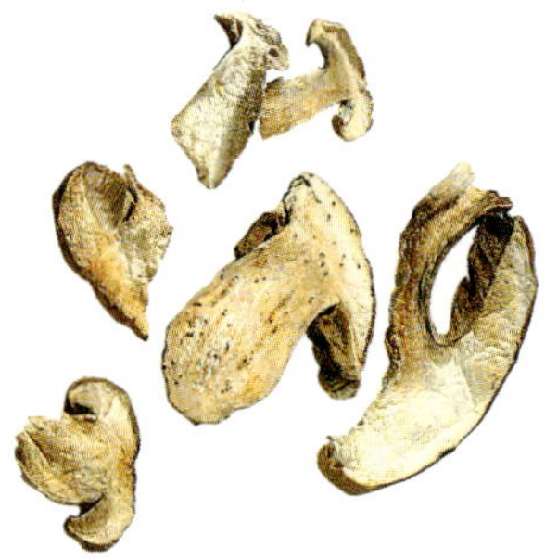

10 g getrocknete Steinpilze
30 g Mehl
1 Prise Salz
1 Ei
4 EL Milch
2 EL Butter, flüssig
1 EL gehackte Petersilie

Die Steinpilze im Mörser oder mit einem Allzweckzerkleinerer sehr fein zerkleinern. Sie mit Mehl, Salz, Ei, Milch und Butter in eine Schüssel geben und alles verrühren.
Die gehackte Petersilie darunterrühren.

etwas Öl
½ Bund Schnittlauch, fein geschnitten

Aus dem Teig in etwas Öl sehr dünne Crêpes backen. Diese dann in feine Streifen schneiden und als Einlage in die Suppe geben.
Den Schnittlauch auf die Suppe streuen.

Johann Lafer

Mein Tip

Beim Zubereiten einer Essenz ist es wichtig, daß Sie auf einige Schritte besonders achten: Das Rindfleisch zum Klären sollte sehr bindegewebshaltig sein, denn das Eiweiß des Bindegewebes bindet die Trübstoffe in der Brühe. Je kälter die Brühe und das Fleisch sind, desto besser läuft der ganze Klärvorgang ab. Die Suppe darf nur sehr schwach kochen, da bei sprudelndem Kochen wie auch beim Umrühren die im Fleisch gebundenen Stoffe wieder gelöst werden. Daher sollten Sie die Essenz auch ganz vorsichtig durch das Passiertuch geben und auf keinen Fall schütten.

geht schnell

6 Personen

Schwarzwurzelcremesuppe

700 g Schwarzwurzeln, geschält 40 g Schalotten, gewürfelt 3 EL Butter 50 ml Weißwein 700 ml Rinderbrühe 500 g Sahne	Die Schwarzwurzeln in dünne Scheiben schneiden und danach zusammen mit den Schalottenwürfeln in der Butter anschwitzen. Alles mit dem Weißwein, der Rinderbrühe und der Sahne ablöschen und sehr weich kochen. Das Ganze im Mixer oder mit dem Pürierstab fein pürieren.
Salz, Pfeffer aus der Mühle geriebene Muskatnuß etwas Zucker 3 EL geschlagene Sahne	Die Suppe mit Salz, Pfeffer, Muskat und Zucker abschmecken, nochmals aufkochen lassen und kurz vor dem Servieren die geschlagene Sahne darunterrühren. Als Einlage eignen sich Croûtons.

geht schnell

4 Personen

Rote-Bete-Salat

500 g Rote Bete, gekocht und geschält 1 EL Öl 100 g Schalotten, gewürfelt	Die Roten Beten mit Hilfe eines Buntschneidemessers in Scheiben schneiden. Das Öl erhitzen und die Schalottenwürfel darin anschwitzen.
80 ml Balsamico 125 ml Olivenöl 2 EL gehackte Petersilie Salz, Pfeffer, Zucker	Aus den Schalottenwürfeln, dem Essig, dem Öl und der gehackten Petersilie eine Vinaigrette herstellen. Sie mit Salz, Pfeffer und Zucker abschmecken und über den Rote-Bete-Salat gießen.

Mein Tip

Sie können sich das Schälen der Roten Beten erleichtern, wenn Sie sie nach dem Kochen kalt abschrecken, und die Schale unter fließendem Wasser mit den Händen von den Knollen abdrücken. Wenn Sie auf keinen Fall verfärbte Hände haben möchten, ziehen Sie zum Schälen Plastikhandschuhe an.

Schälen Sie die Roten Beten erst nach dem Kochen, denn sonst bluten sie stark aus, und viele wertvolle Inhaltsstoffe gehen verloren.

Tellersülze von Meeresfrüchten

4 Personen

5 EL Vermouth
100 ml Weißwein
0,1 g Safranfäden
Salz, Pfeffer
6 Blatt Gelatine, in kaltem Wasser eingeweicht
500 ml Fischfond

Vermouth, Weißwein und Safranfäden aufkochen lassen, mit Salz und Pfeffer würzen und anschließend vom Herd nehmen.
Die Gelatine ausdrücken und zusammen mit dem Fischfond zu der restlichen Flüssigkeit geben.

150 g Lachsfilet
150 g Seezungenfilet
8 Scampi, geschält
100 ml Fischfond
Salz, Pfeffer

Das Lachs- und das Seezungenfilet mit den Scampi im leicht siedenden Fischfond etwa 2 Minuten pochieren und mit Salz und Pfeffer würzen.
Den Fisch und die Scampi aus dem Fond nehmen und kühl stellen.

1 Tomate, enthäutet und in Streifen geschnitten
20 Zuckerschoten, blanchiert und in Streifen geschnitten
etwas Dill, gehackt

Etwas Gelee in 4 sehr kalte, tiefe Teller füllen, warten bis die Schicht fest ist und dann die Fischstücke und die Scampi darauflegen.
Das Ganze mit den Tomaten- und den Zuckerschotenstreifen dekorieren.
Den restlichen Gelee daraufgießen und die Sülze mit dem Dill garnieren.
Sie für etwa 2 Stunden kühl stellen.

Winterliche Salate mit Pinienkernen

4 Personen

60 g Pinienkerne
1 Schalotte, kleingewürfelt
5 EL Weißweinessig
2 EL Fischfond

Die Pinienkerne ohne Fett in einer Pfanne goldgelb rösten.
Die Schalottenwürfel dazugeben, kurz mitrösten, und alles mit dem Weißweinessig und dem Fischfond ablöschen und erkalten lassen.

6 EL Traubenkernöl
2 EL Erdnußöl
1 EL gehackte Petersilie
Salz, Pfeffer
etwas Lollo Rosso
etwas Feldsalat
etwas Frisee

Das Öl und die Petersilie hinzufügen und das Ganze mit Salz und Pfeffer würzen.
Die Salate putzen und waschen. Sie auf Tellern anrichten und mit der Pinienkernvinaigrette beträufeln.

braucht Zeit
6 Personen

Parfait der Räucherforelle

6 Räucherforellenfilets
2 Schalotten, gewürfelt
1 EL Butter
60 ml Weißwein
400 g Sahne
60 ml Vermouth
1 TL Zitronensaft

Die Forellenfilets in grobe Würfel schneiden.
Die Schalottenwürfel in der Butter anbraten und anschließend die Fischwürfel mitbraten.
Das Ganze mit Weißwein, Sahne, Vermouth und Zitronensaft ablöschen und etwas einkochen lassen.
Alles im Mixer oder mit dem Pürierstab fein pürieren und anschließend durch ein sehr feines Sieb streichen.

3 Blatt Gelatine, in kaltem Wasser eingeweicht
2 EL Sherry
Salz, Pfeffer
150 g geschlagene Sahne

Die Gelatine ausdrücken und zusammen mit dem Sherry erwärmen. Beides zu dem Forellenmus geben, das Ganze mit Salz und Pfeffer abschmecken und auf Eis oder in den Kühlschrank stellen. Die Masse nochmals kräftig mit dem Schneebesen durchrühren, bevor sie zu gelieren beginnt. Anschließend die geschlagene Sahne darunterheben.

200 g Räucherlachs, in dünne Scheiben geschnitten

Eine Terrinenform mit den Räucherlachsscheiben auslegen und an den Seiten etwas überstehen lassen. Das Forellenparfait einfüllen und mit den Räucherlachsscheiben bedecken. Das Parfait etwa 5 Stunden kühl stellen
Es anschließend aus der Form stürzen und mit einem dünnen Messer in Scheiben schneiden.
Dazu paßt Feldsalat mit Walnußölvinaigrette.

geht schnell
6 Personen

Blinis

125 ml Milch, lauwarm
20 g Hefe
125 g Mehl

Die Milch mit der Hefe und dem Mehl zu einem Vorteig verrühren, diesen mit einem Küchentuch zugedeckt an einem warmen Ort gehen lassen, bis die Masse sich verdoppelt hat.

50 g Buchweizenmehl
50 g Mehl
4 Eier
1 TL Salz
½ TL Zucker

Buchweizenmehl, Mehl, Eier, Salz und Zucker zu dem Vorteig geben und glattrühren. Das Ganze nochmals an einem warmen Ort 15 Minuten gehen lassen.

4 EL Öl

Aus dem Teig im heißen Öl kleine Blinis backen. Wenn auf der Oberfläche des Teiges Blasen erscheinen, die Küchlein umdrehen und fertigbacken.
Sie danach auf einem Küchentuch abtropfen lassen und sofort servieren.

geht schnell

4 Personen

Rehmedaillons mit Pilzrahmsauce

8 Rehmedaillons (à 70 g)
1 Zweig Thymian
1 TL Wacholderbeeren
1 EL Butter
1 EL Öl

Die Medaillons zusammen mit dem Thymian und den Wacholderbeeren in dem Öl und der Butter von beiden Seiten anbraten und warmstellen. Den Thymian und die Wacholderbeeren anschließend aus der Pfanne nehmen.

200 g Pfifferlinge, geputzt
Pfeffer, Salz
1 EL Schalotten
100 g Sahne
100 ml Wildfond

Die Pfifferlinge und die Schalotten in der gleichen Pfanne anbraten. Sie mit Pfeffer und Salz würzen, die Sahne und den Wildfond angießen und alles etwas einkochen lassen.

1 EL geschlagene Sahne
1 EL gehackte Petersilie

Die geschlagene Sahne und die gehackte Petersilie unter die Sauce heben und die Medaillons vor dem Servieren nochmals kurz hinein geben.
Dazu passen Spätzle.

braucht Zeit

4 Personen

Rotkraut

1 kg Rotkohl, in feine Streifen geschnitten
1 Apfel, entkernt, geschält und in Stifte geschnitten
Saft von ½ Limette oder Zitrone
6 EL Essig
1 Prise Salz, 2 EL Zucker

Rotkohl, Apfelstifte, Zitronensaft, Essig, Salz und Zucker mischen und alles zugedeckt im Kühlschrank 24 Stunden ziehen lassen.

50 g Gänseschmalz
1 EL Zucker
2 EL Essig
150 g Zwiebeln, in Streifen geschnitten
1 EL schwarzes Johannisbeergelee
1 – 2 Zimtstangen
250 ml Rotwein

Das Gänseschmalz erhitzen, den Zucker darin karamelisieren lassen und ihn mit dem Essig ablöschen. Die Zwiebelstreifen darin andünsten. Rotkohl, Johannisbeergelee, Zimt und Rotwein dazugeben.
Das Ganze im geschlossenen Bräter im auf 175°C vorgeheizten Ofen 30 Minuten garen.
Paßt gut zu Wildgerichten, Gans und Klößen.

braucht Zeit

Rinderfilet Wellington

4 Personen

800 g Rinderfilet (pariertes Mittelstück)
Salz, Pfeffer
3 EL Öl

Das Rinderfilet mit Salz und Pfeffer würzen.
Das Öl erhitzen, das Fleisch darin von allen Seiten kräftig anbraten und danach abkühlen lassen.

50 g Schalotten, gewürfelt
200 g Champignons, geputzt und sehr fein gewürfelt
3 EL Butter
Salz, Pfeffer
1 EL Mehl
3 EL gehackte Petersilie

Die Schalotten- und die Champignonwürfel in der Butter anbraten. Sie mit Salz und Pfeffer würzen, mit dem Mehl bestäuben und die Petersilie dazugeben. Die Masse anschließend abkühlen lassen.

500 g TK-Blätterteig
150 g Knochenschinken, dünn geschnitten
2 Eigelb, mit etwas Wasser verquirlt

Den Blätterteig 3 mm dick ausrollen, mit dem Schinken belegen und die Füllung darauf verteilen. Das Filet darauflegen, alles zusammenrollen und fest andrücken. Die Enden des Blätterteiges gut verschließen.
Aus dem übriggebliebenen Blätterteig einige Ornamente ausstechen, diese auf den Blätterteig legen und alles mit dem Eigelb bestreichen.
Das Filet auf ein mit Backpapier ausgelegtes Backblech legen. Das Ganze im auf 180°C vorgeheizten Ofen etwa 35 Minuten backen.
Vor dem Aufschneiden sollte das Filet 10 Minuten ruhen.
Dazu passen Herzoginkartoffeln und Burgundersauce.

Mein Tip

Je nach Dicke des Fleischstückes variiert die Garzeit des Filet Wellington etwas. Um die genaue Garzeit festzustellen, können Sie sich mit einem Bratenthermometer helfen, das Sie in den Fleischkern stecken. Es bleibt dort während des gesamten Garens und wenn die Anzeige auf 65 °C gestiegen ist, hat das Filet in der Mitte die gewünschte rosa Farbe.
Beim Zubereiten des Rinderfilet Wellington ist es außerdem sehr wichtig, daß es nach dem Braten ruht und anschließend sofort serviert wird. Durch das Ruhen wird verhindert, daß beim Anschneiden zu viel Fleischsaft austritt. Das Filet in dem Blätterteigmantel sollte auf keinen Fall länger warmgehalten oder sogar aufgewärmt werden, da der Teig sonst durchweicht und das Filet in der Mitte nicht mehr rosa ist.

braucht Zeit

4 Personen

Gefüllte Ente mit Rote-Bete-Gemüse und glasierten Maronen

50 g Butter
2 Zwiebeln, gewürfelt
1 Knoblauchzehe, fein gehackt
1 kg Rote Bete, geschält und geraspelt
Salz, 2 EL Zucker
½ EL Korianderpulver
2 Lorbeerblätter
250 ml Rotwein, 3 EL Essig
1 EL Meerrettich

Die Butter erhitzen, die Zwiebeln und den Knoblauch darin andünsten. Die Roten Beten dazugeben und alles mit Salz, Zucker und Koriander abschmecken. Die Lorbeerblätter, den Rotwein und den Essig ebenfalls zu dem Gemüse geben und das Ganze zugedeckt etwa 1 Stunde dünsten.
Alles anschließend nochmals abschmecken und den Meerrettich darunterrühren. Das Gemüse schmeckt noch besser, wenn es am Vortag gekocht wird und zum Servieren wieder heiß gemacht wird.

1 Ente (ca. 2 kg, möglichst aus Freilandhaltung)
Salz, Pfeffer aus der Mühle

Die Innereien und Federrückstände der Ente entfernen. Die Ente waschen und trockentupfen. Sie anschließend innen und außen würzen.

2 Äpfel, geschält und entkernt
2 EL Butter
175 g Zwiebeln, geschält und grobgewürfelt
½ TL Majoran
80 g Weißbrot, ohne Rinde und in Würfel geschnitten
150 g Maronen, gegart und geschält
Salz, Pfeffer
geriebene Muskatnuß
1 EL gehackte Petersilie
1 Ei
6 Zahnstocher, Küchengarn
4 EL Öl
250 ml Wasser

Die Äpfel in große Würfel schneiden. Die Butter in einer Pfanne erhitzen, die Zwiebel- und Apfelwürfel darin goldgelb anbraten. Den Majoran dazugeben. Das Ganze zusammen mit den Weißbrotwürfeln in eine Schüssel geben und vermengen. Die Maronen in Würfel schneiden und daruntermischen. Alles mit Salz, Pfeffer und Muskat würzen. Die gehackte Petersilie und das Ei dazugeben und alles gut vermischen.
Die Füllung etwa 15 Minuten ziehen lassen und anschließend die Ente damit füllen. Zum Verschließen der Ente sechs Holzzahnstocher waagerecht durch die Haut um die Öffnung stecken. Ein ausreichend großes Stück Küchengarn kreuzweise (wie bei Schnürsenkeln) um die Holzstäbchen binden, festziehen und verknoten.
Die Ente im heißen Öl von allen Seiten gut anbraten und danach etwa 40 Minuten im auf 180°C vorgeheizten Ofen garen. Sie zwischendurch immer wieder mit dem Bratenfett übergießen. Das Wasser nach den 40 Minuten angießen und alles noch weitere 30 Minuten im Ofen garen.
Die Ente anschließend aus dem Ofen nehmen und auf einen Grillrost legen.

50 g Zucker
300 ml roter Portwein
1 Prise Ingwerpulver
1 Msp. Cayennepfeffer

Den Zucker in einer Pfanne unter ständigem Rühren bei mittlerer Hitze leicht karamelisieren lassen. Ihn mit dem Portwein ablöschen, den Ingwer und den Cayennepfeffer dazugeben und alles bis zu einer honigartigen Konsistenz einkochen lassen. Die Ente mit dieser Mischung einpinseln und im auf 220°C vorgeheizten Ofen solange backen, bis sie eine knusprige Haut hat.

50 g Zucker
2 EL Ahornsirup
1 EL Butter
2 EL Sahne
200 g Maronen, gegart und geschält
1 EL Kirschwasser

Den Zucker in einer Pfanne unter ständigem Rühren hellbraun karamelisieren lassen. Ihn anschließend mit dem Ahornsirup ablöschen, die Butter und die Sahne dazugeben und alles kurz einkochen lassen. Am Schluß die Maronen in der Sauce schwenken und diese mit dem Kirschwasser verfeinern.
Dazu passen Maisplätzchen (Rezept S. 32).

braucht Zeit

4 Personen

Sauerbraten

2 Karotten
3 Petersilienwurzeln
¼ Sellerieknolle
1 Zwiebel

Das Gemüse putzen, waschen und grob würfeln.

1 Prise Salz, 10 Pfefferkörner
3 Nelken, 5 Körner Piment
1 Knoblauchzehe, gehackt
1 Zweig Thymian
500 ml Kräuter- oder Weinessig
1 l Wasser, 1 l Rotwein
2 kg Rindfleisch (aus dem Vorderviertel, ohne Knochen)

Alle Zutaten für die Marinade in einen Topf geben und kurz aufkochen lassen. Die Marinade abkühlen lassen, das Fleisch für mindestens 24 Stunden darin einlegen und zugedeckt kühlstellen.
Den Braten aus der Marinade nehmen, diese durch ein Sieb geben und die Flüssigkeit auffangen. Das Fleisch und die Gemüsestücke trockentupfen.

1 EL Schweineschmalz
2 EL Zuckerrübensirup
2 EL Preiselbeeren

Das Schweineschmalz in einem Bräter erhitzen und das Fleisch darin von allen Seiten kräftig anbraten. Das Gemüse aus der Marinade dazugeben und kurz mitbraten. Anschließend den Zuckerrübensirup und die Preiselbeeren darunterrühren und alles mit der Marinade ablöschen.
Das Fleisch im auf 180°C vorgeheizten Ofen 2 Stunden im geschlossenen Bräter schmoren. Den Braten danach aus der Sauce nehmen und warmstellen.

2 EL Crème fraîche
evtl. etwas Speisestärke, kalt angerührt
4 EL gehobelte Mandeln
70 g Rosinen, in Wasser eingeweicht
1 EL gehobelte Mandeln

Die Sauce durch ein feines Sieb geben und die Crème fraîche hineinrühren. Sie eventuell mit etwas Stärke binden. Zum Schluß die gehobelten Mandeln und die in Wasser eingeweichten Rosinen (ohne das Wasser) dazugeben.
Das Fleisch in Scheiben schneiden, mit Mandelscheiben bestreuen und mit der Sauce servieren.
Dazu passen Rotkraut und Kartoffelknödel.

braucht Zeit

4 Personen

Kartoffelknödel

300 g rohe, geschälte Kartoffeln
Salz

Die Kartoffeln in Salzwasser garen.
Anschließend das Wasser abschütten und die Kartoffeln im heißen Backofen oder auf der heißen Herdplatte ausdämpfen lassen. Sie danach durch die Kartoffelpresse drücken oder durch ein feines Sieb streichen.

300 g rohe, geschälte Kartoffeln
2 Eigelb
geriebene Muskatnuß
Salz, Pfeffer
40 g Kartoffelstärke
7 EL Semmelbrösel
100 g Butter
1 EL Petersilie, gehackt

Die rohen Kartoffeln ganz fein reiben und mit Eigelben, Muskat, Salz, Pfeffer und Kartoffelstärke zu einem glatten Teig verarbeiten. Die gekochten Kartoffeln dazugeben und alles nochmals gut verkneten.
Die Hände mit Kartoffelmehl bestäuben und aus dem Teig kleine Klöße formen. Diese in siedendem Salzwasser etwa 10 Minuten garen, bis die Knödel an der Oberfläche schwimmen.
Die Semmelbrösel in der Butter leicht anbräunen, die Petersilie untermischen und die Knödel damit überziehen.

braucht Zeit

6 Personen

Wirsingeintopf mit Lamm

1,5 kg Lammschulter
1 Zwiebel, halbiert und angebräunt
2 Karotten, grob gewürfelt
½ Lauchstange, in Ringe geschnitten
2 Zweige Rosmarin
2 Zweige Thymian
1 TL weiße Pfefferkörner
1 ½ EL Salz

Das Fleisch waschen. Die Lammkeule zusammen mit den Zwiebelhälften, den Karottenstücken, den Lauchringen und den Gewürzen in einen Topf geben, alles mit etwa 1,5 Liter kaltem Wasser auffüllen und bei schwacher Hitze zugedeckt etwa 1 ½ Stunden köcheln lassen. Den entstehenden Schaum zwischendurch immer wieder abschöpfen

Das Fleisch anschließend aus dem Fond nehmen und zugedeckt zur Seite stellen. Den Lammfond durch ein Sieb geben, auffangen und entfetten.

1 kleiner Kopf Wirsing
250 g Kartoffeln
100 g Schalotten
40 g Steinpilze, getrocknet
2 Tomaten, enthäutet und entkernt
Salz, Pfeffer
1 TL gehackter Thymian
1 TL gehackter Rosmarin

Den Wirsing putzen, den Strunk herausschneiden und die Blätter in große Würfel schneiden.

Die Kartoffeln und die Schalotten schälen und in Scheiben schneiden.

Die getrockneten Steinpilze in kaltem Wasser einweichen.

Die Tomaten in grobe Würfel schneiden.

Den Lammfond wieder erhitzen, darin die Wirsingstücke, die Kartoffel- und die Schalottenscheiben sowie die kleingeschnittenen, eingeweichten Steinpilze etwa 20 Minuten garen. Das Einweichwasser der Pilze kann ebenfalls in den Eintopf gegeben werden.

In der Zwischenzeit das Lammfleisch vom Knochen lösen und in große Stücke schneiden. Diese in den Eintopf geben. Alles mit Salz und Pfeffer abschmecken. Zum Schluß den gehackten Thymian, den gehackten Rosmarin und die Tomatenstücke hineingeben.

1 Baguette
50 g gesalzene Butter
3 Knoblauchzehen, fein gehackt

Das Brot in Scheiben schneiden. Die Butter leicht erwärmen, den Knoblauch dazugeben und alles vermischen. Die Knoblauchbutter auf die Baguettescheiben streichen.

Die Brotscheiben unter dem Grill solange rösten, bis sie eine goldbraune Kruste bekommen.

Mein Tip

Achten Sie beim Kauf des Lammfleisches darauf, daß Sie Lammschulter von jungen Tieren bekommen. Sie erkennen Lammfleisch an der hellroten Farbe, Hammelfleisch dagegen an seiner sehr dunkelroten Farbe. Es hat einen etwas strengen Geschmack und ist dadurch weniger beliebt. Hammelfleisch sollten Sie daher nicht verwenden.

braucht Zeit

4 Personen

Regenbogenforelle in Grauburgunder

4 Forellen (küchenfertig vorbereitet)
Salz, Pfeffer
Saft von 1 Zitrone
½ Bund Blattpetersilie
4 Zweige Thymian
4 Lorbeerblätter

Die Forellen waschen, trockentupfen, außen und innen mit Salz und Pfeffer würzen und mit dem Zitronensaft beträufeln.
Sie anschließend mit der Blattpetersilie, den Thymianzweigen und den Lorbeerblättern füllen.

100 g Schalotten, geschält
2 Stangen Staudensellerie
½ Lauchstange, geputzt
150 g Champignons
70 g Butter
250 ml Grauburgunder
evtl. Alufolie

Die Schalotten, den Staudensellerie und den Lauch in sehr kleine Würfel schneiden. Die Champignons in Scheiben schneiden.
Die Butter in einem großen Bräter erhitzen. Die Forellen darin von beiden Seiten anbraten und danach vorsichtig herausnehmen.
Die Gemüsewürfel und die Champignonscheiben ebenfalls im Bräter anbraten.
Das Gemüse anschließend mit dem Grauburgunder ablöschen und die Forellen wieder darauflegen. Den Bräter mit dem Deckel oder der Alufolie verschließen und alles etwa 15 Minuten bei schwacher Hitze garen.
Die Forellen vorsichtig aus dem Bräter nehmen, auf eine vorgewärmte Servierplatte legen und zugedeckt warm halten.

200 g Sahne
2 EL Vermouth
Saft von ½ Zitrone

Die Sahne, den Vermouth und den Zitronensaft zu dem Gemüse geben und die Flüssigkeit einige Minuten einkochen lassen.

3 EL Salzbutter
1 EL gehackter Dill
1 EL geschlagene Sahne
2 Tomaten, enthäutet und in kleine Würfel geschnitten
Salz, Pfeffer

Vor dem Servieren die Butter, den Dill und die geschlagene Sahne in die Flüssigkeit hineinrühren. Die Tomatenwürfel dazugeben, die Sauce mit Salz und Pfeffer abschmecken und zusammen mit dem Gemüse zu den Forellen servieren.
Dazu passen Petersilienkartoffeln.

Mein Tip

Versuchen Sie, Schalotten beim Gemüsehändler zu bekommen. Häufig werden sie auch in den Gemüseabteilungen der Supermärkte angeboten. Sie ähneln im Aussehen der Haushaltszwiebel, sind jedoch wesentlich kleiner. Der Geschmack ist milder, aber würziger als der der normalen Zwiebel. Daher sollten Sie Schalotten nur ausnahmsweise durch Zwiebeln ersetzen und dann auch jeweils nur die halbe Menge verwenden.

braucht Zeit

Geschmorte Schweineschulter

4 Personen

2 Karotten
100 g Staudensellerie
80 g Schalotten
3 Knoblauchzehen

Die Karotten schälen und und zusammen mit dem Staudensellerie in Würfel schneiden.
Die Schalotten schälen und in Streifen schneiden.
Den Knoblauch grob hacken.

1 kg Schweineschulter (ohne Knochen)
Salz, Pfeffer
2 EL Knoblauch, feingehackt
2 EL Mehl
6 EL Öl

Die Schweineschulter von allen Seiten mit Salz und Pfeffer würzen.
Sie danach mit dem Knoblauch einreiben, im Mehl wälzen und im Öl kräftig anbraten.

2 Zweige Thymian
2 Zweige Rosmarin
3 Zweige Petersilie
2 EL Tomatenmark
Salz, Pfeffer
300 ml Rotwein
200 ml Fleischbrühe
evtl. Alufolie

Das gesamte Gemüse und die Kräuter zu dem Fleisch in den Bräter geben und mitrösten.
Anschließend das Tomatenmark dazugeben und ebenfalls anrösten. Das Ganze mit Salz und Pfeffer würzen.
Den Rotwein und die Fleischbrühe angießen.
Den Bräter mit einem Deckel oder Alufolie abdecken und die Schweineschulter 1 Stunde im auf 180°C vorgeheizten Ofen garen.
Das Fleisch danach aus dem Bräter nehmen.

1 EL Speisestärke, mit kaltem Wasser angerührt
Salz, Pfeffer

Die Sauce durch ein Sieb geben, in einem Topf auffangen, etwas entfetten und mit der Speisestärke binden.
Sie noch einmal mit Salz und Pfeffer würzen.

1 EL Öl
50 g Speck, in Streifen geschnitten
100 g Champignons, geputzt und geviertelt
2 EL gehackte Blattpetersilie
Salz, Pfeffer

Das Öl erhitzen, den Speck, die Champignons und die Blattpetersilie kurz darin anrösten.
Das Ganze mit Salz und Pfeffer würzen.
Die Schweineschulter in Scheiben schneiden und mit der Sauce und den Speckchampignons servieren.

geht schnell

Kartoffelgratin

4 Personen

1 Knoblauchzehe, geschält
1 EL Butter
125 g Sahne
125 ml Milch
Salz, geriebene Muskatnuß
300 g Kartoffeln, geschält
80 g Emmentaler, gerieben
2 EL Butter, in Scheiben geschnitten

Eine feuerfeste Form mit dem Knoblauch ausreiben und mit der Butter einfetten.
Sahne, Milch, etwas Salz und Muskat in einen Topf geben, erhitzen und etwas einkochen lassen.
Die Kartoffeln in dünne Scheiben schneiden.
Diese nun schichtweise in die Form geben. Das Ganze mit der aufgekochten Sahne-Milch-Mischung übergießen.
Den Käse auf die Kartoffelscheiben streuen und die Butterscheiben darauflegen.
Das Kartoffelgratin im auf 200°C vorgeheizten Ofen etwa 30 Minuten backen.

braucht Zeit

4 Personen

Gefüllter Kapaun „steirisch"

1 Kapaun (etwa 1,5 kg, ersatzweise 1 große Poularde), ausgenommen
Salz, Pfeffer

Den Kapaun innen und außen gut waschen und trockentupfen. Ihn anschließend von allen Seiten mit Salz und Pfeffer würzen.

60 g Leber vom Kapaun oder Geflügelleber
40 g Schalotten, fein gewürfelt
3 EL Butter
1 TL gehackte Petersilie

Die Leber in kleine Würfel schneiden und diese zusammen mit den Schalottenwürfeln in einer Pfanne in der Butter braten. Die Petersilie mitrösten und alles danach aus der Pfanne nehmen und kühlstellen.

1 trockenes Brötchen
100 ml heiße Milch
1 Ei
Salz, Pfeffer
geriebene Muskatnuß
1 Prise Majoran
1 Prise gemahlener Rosmarin
etwas abgeriebene Schale von 1 Zitrone (unbehandelt)

Das Brötchen in kleine Würfel schneiden und in der heißen Milch für einige Minuten einweichen.
Anschließend das Ei und die erkaltete Leber-Schalotten-Petersilienmischung dazugeben. Alles mit Salz, Pfeffer, Muskat, Majoran, Rosmarin und abgeriebener Zitronenschale würzen. Diese Füllung etwa 10 Minuten zugedeckt im Kühlschrank durchziehen lassen.

Küchengarn
Salz, weißer Pfeffer
Paprika edelsüß
Rosmarin, gemahlen
4 EL Öl
Bratfolie

Die Haut des Kapauns über den Brustfilets vorsichtig lösen. Die Füllung in einen Spritzbeutel mit großer Tülle geben und vorsichtig unter die Haut spritzen. Die Haut sollte dabei nicht verletzt werden. Den Kapaun danach mit Küchengarn zusammenbinden.
Ihn mit den Gewürzen einreiben und in einem Bräter im heißen Öl vorsichtig anbraten. Ihn anschließend in die Bratfolie geben, diese an beiden Seiten zubinden und alles für etwa 35 Minuten in den auf 180°C vorgeheizten Ofen geben. Den Kapaun nach Ende der Garzeit einige Minuten ruhen lassen.

etwa 200 ml Geflügelfond
Salz, Pfeffer
1 EL Speisestärke, kalt angerührt

Den in der Bratfolie entstandenen Bratensaft in einen Topf geben, mit dem Geflügelfond auffüllen, mit Salz und Pfeffer würzen und eventuell mit etwas Speisestärke binden.

Dazu paßt ein Tomatensalat mit großen, braunen Bohnen, kleingeschnittenen Schalotten, gerösteten Kürbiskernen, den Sie mit einer Vinaigrette aus Kürbiskernöl, Weinessig, Salz und Pfeffer anmachen sollten.

braucht Zeit
8 Personen

Lafer's Mohrekopp

1 Ei
50 g heller Nougat
50 g weiße Kuvertüre

Das Ei über dem Wasserbad schaumig schlagen. Sobald das aufgeschlagene Ei eine cremige Konsistenz hat, die Schüssel vom Wasserbad nehmen und die Masse kaltschlagen. Den Nougat und die Kuvertüre über dem Wasserbad schmelzen, unter die Eimasse geben und alles gut verrühren.

1 Blatt Gelatine, in kaltem Wasser eingeweicht
1 EL Rum, 2 EL Grand Marnier
40 g Krokantbrösel
abgeriebene Schale von 1 Orange (unbehandelt)
225 g geschlagene Sahne

Die ausgedrückte Gelatine zusammen mit dem Rum und dem Grand Marnier leicht erwärmen und alles unter die zuvor zubereitete Mischung rühren. Die Krokantbrösel und die abgeriebene Orangenschale dazugeben und die geschlagene Sahne vorsichtig unter die abgekühlte Masse heben.

1 kleiner Bisquitboden (Wiener Boden)
Backpapier

Diese Creme in 8 runde Tassen oder Kuppelförmchen verteilen und die Oberfläche mit in der entsprechenden Größe ausgestochenen Bisquitkreisen abdecken. Die Creme für etwa 2 Stunden kühl stellen. Die Förmchen danach heiß abspülen und die Creme auf ein mit Backpapier ausgelegtes kleines Blech stürzen.

125 g dunkle Kuvertüre
25 g Speiseöl
50 g weiße Kuvertüre

Die dunkle Kuvertüre schmelzen und mit dem Öl verrühren. Die Kuvertüre mit einer Suppenkelle über die Cremekuppeln gießen und im Kühlschrank fest werden lassen. Die Mohrenköpfe mit geschmolzener weißer Kuvertüre verzieren. Sie dann nach Belieben mit frischen Beeren und Vanillesauce garnieren.

braucht Zeit
6 Personen

Weisse Lebkuchenmousse

300 g weiße Kuvertüre
2 Eier
2 Eigelb
2 Blatt Gelatine, in kaltem Wasser eingeweicht
1 TL Lebkuchengewürz
3 EL Rum
600 g geschlagene Sahne

Die Kuvertüre im Wasserbad schmelzen.
Die Eier und die Eigelbe über dem Wasserbad schaumig schlagen.
Die ausgedrückte Gelatine, die aufgelöste Kuvertüre, das Lebkuchengewürz und den Rum unter die Eimasse rühren.
Die geschlagene Sahne sofort unterheben.
Die Mousse in einer Schüssel im Kühlschrank für etwa 3 Stunden kühlstellen.
Von der Mousse mit einem großen Löffel Nocken abstechen.
Dazu passen Birnenfächer, Vanillesauce, Schokoladenspäne und Minzblättchen.

geht schnell
6 Personen

Pochierte Punschbirne

500 ml Rotwein
250 ml Holunderbeerensaft
abgeriebene Schale von je 1 Zitrone und Orange (unbehandelt)
200 g Zucker
3 Nelken
1 Zimtstange
6 mittelgroße Birnen (z.B. Williams Christ)

Alle Zutaten – außer den Birnen – in einen Topf geben und aufkochen lassen.
Die Birnen schälen, halbieren und das Kerngehäuse entfernen. Die Birnenhälften 5 bis 10 Minuten im Punsch pochieren.
Sie anschließend vom Herd nehmen und in der Flüssigkeit abkühlen lassen.
(Die Birnen können ruhig einen Tag in der Kochflüssigkeit bleiben, das verstärkt das Aroma.)
Sie danach herausnehmen und zum Servieren fächerartig aufschneiden.

braucht Zeit

6 Personen

Crêpes Suzettes mit Vanilleeisparfait

Klarsichtfolie
60 ml Milch
130 g Zucker, 4 Eigelb
ausgekratzes Mark von
1 Vanilleschote

Eine Terrinenform (oder eine kleine Kastenform) mit der Klarsichtfolie auskleiden und in das Tiefkühlfach stellen.
Milch, Zucker, Eigelbe und Vanillemark über einem Wasserbad cremig aufschlagen. Die Schüssel anschließend vom Wasserbad nehmen und die Masse kalt schlagen.

1 Eiweiß
3 EL Zucker
200 g geschlagene Sahne
2 EL Rum

Das Eiweiß und den Zucker steifschlagen und unter die Eimasse heben. Die Sahne und den Rum ebenfalls unter die Masse heben.
Die Parfaitmasse in die eingefrorene Form füllen, sie mit der überstehenden Folie abdecken und für mindestens 4 Stunden in das Tiefkühlfach stellen.

50 g Butter, 125 g Mehl
3 EL Zucker, 3 Eier
200 ml Milch, 1 EL Rum
abgeriebene Schale von
1 Orange (unbehandelt)
1 Prise Salz

Die Butter erhitzen bis sie anfängt, leicht braun zu werden. Sie danach etwas abkühlen lassen. Mehl, Zucker, Eier, Milch, Rum, Orangenschale und das Salz in einer Schüssel gut verrühren.
Die braune Butter dazugeben und unterrühren.

3 EL Butter

In einer beschichteten Pfanne in etwas Butter aus dem Teig dünne Crêpes backen.

3 Orangen
200 g Zucker
Saft von 4 Orangen
4 EL Orangenlikör

Die Orangen schälen, so daß die gesamte weiße Schicht entfernt ist. Die Filets zwischen den Trennwänden herausschneiden. Den Saft dabei auffangen.
Den Zucker in einer Pfanne hellbraun schmelzen lassen und nach und nach den Orangensaft dazugeben. Die Flüssigkeit einkochen lassen und wenn sie etwas dickflüssig ist, die Orangenfilets hineingeben.
Die Crêpes mit den Orangenfilets füllen und zu Vierteln zusammenklappen. Sie in die Pfanne mit der Sauce geben. Den Orangenlikör angießen, alles erwärmen und anschließend flambieren.
Die Crêpes auf Teller geben, das in Scheiben geschnittene Vanilleeisparfait danebenlegen und alles je nach Geschmack mit Vanillesauce und frischer Pfefferminze garnieren.

Johann Lafer

Mein Tip

Das Mark der Vanilleschote können Sie herauskratzen, indem Sie sie der Länge nach halbieren und das weiche Mark mit einer Messerspitze sorgfältig herausschaben.
Mit der ausgekratzten Vanilleschote können Sie Vanillezucker herstellen. Geben Sie sie dazu zusammen mit Kristallzucker in ein Gefäß, verschließen Sie es und nach etwa 14 Tagen hat der Zucker das Aroma angenommen.

Sacherwaffeln

geht schnell
6 Personen

150 g Butter, 150 g Zucker
3 Eier, 1 TL Vanillezucker
4 Tropfen Bittermandelaroma
1 Prise Salz,
60 g Speisestärke, 120 g Mehl
2 EL Kakaopulver (stark entölt)
1 TL Backpulver
50 g Haselnüsse, gemahlen
1 TL Zimt, 2 EL Rum
etwas Butter

Butter, Zucker, Eier, Vanillezucker, Bittermandelaroma und Salz schaumig rühren. Stärke, Mehl, Kakaopulver und Backpulver sieben. Anschließend die Haselnüsse und den Zimt dazugeben. Das Ganze unter die Butter-Zucker-Masse rühren und zum Schluß den Rum beifügen.
Aus dem Teig im auf Stufe 7–8 vorgeheizten und eingefetteten Waffeleisen etwa 12 Waffeln backen.

Sauerkirschragout mit Vanillesahne

geht schnell
4 Personen

300 g TK-Sauerkirschen
2 Zimtstangen
2 ½ EL Zucker
abgeriebene Schale
½ Zitrone (unbehandelt)
abgeriebene Schale
½ Orange (unbehandelt)
1 EL Speisestärke, mit kaltem Wasser angerührt
250 g Sahne
Mark von 1 Vanilleschote
2 EL Puderzucker

Die Sauerkirschen in einem Sieb auftauen lassen und den Saft dabei auffangen. Diesen dann in eine Pfanne geben und zusammen mit den Zimtstangen, dem Zucker und der Zitronen- und der Orangenschale etwas einkochen lassen.
Die Flüssigkeit danach mit der Stärke binden, nochmals aufkochen lassen und die Sauerkirschen dazugeben.
Die Sahne in eine Schüssel geben und zusammen mit dem Vanillemark und dem Puderzucker steif schlagen.

Gewürzorangensalat

braucht Zeit
4 Personen

5 Orangen (1 Orange unbehandelt)
90 g Zucker
130 ml Wasser
2 Kardamomkapseln, 7 Nelken
3 Sternaniskapseln, ½ Zimtstange
1 Vanilleschote, der Länge nach halbiert
abgeriebene Schale von 1 Zitrone (unbehandelt)
3 EL Honig
2 EL Grenadine
4 EL Orangenlikör
1 EL Cognac

Von der unbehandelten Orange die Schale abreiben. Alle Orangen schälen, die weiße Haut vollständig entfernen und die Filets zwischen den Trennwänden herausschneiden.
Zucker, Wasser, Kardamomkapseln, Nelken, Sternanis, Zimtstange, Vanilleschote, Orangen-, Zitronenschale und Honig in einen Topf geben und alles etwa 5 Minuten kochen lassen.
Diese Flüssigkeit heiß über die Orangenfilets gießen.
Grenadine, Orangenlikör und Cognac dazugeben. Die Orangenfilets für 1 Tag im Kühlschrank zugedeckt ziehen lassen.

braucht Zeit

20 Stücke

Weihnachtsstollen

650 g Mehl
110 ml lauwarme Milch
100 g Zucker
55 g Hefe

Das Mehl in eine große Schüssel sieben. Die Milch mit dem Zucker, der zerbröselten Hefe sowie 5 Eßlöffeln des gesiebten Mehls mischen.
Den Vorteig mit einem Tuch abgedeckt etwa 20 Minuten an einem warmen Ort gehen lassen.

90 g Rosinen
70 g Korinthen
230 g geschmolzene Butter
6 Eigelb
130 g abgezogene, grob gehackte Mandeln
60 g feingewürfeltes Zitronat
60 g feingewürfeltes Orangeat
1 EL Rum
1 TL Vanillezucker
abgeriebene Schale 1 Zitrone (unbehandelt)
1 TL Salz

Die Rosinen und Korinthen waschen, abtropfen lassen und trockentupfen.
Das gesiebte Mehl, die lauwarme Butter, das Eigelb und den Hefebrei mit dem Knethaken des Rührgerätes zu einem glatten Teig verkneten.
Rosinen, Korinthen, Mandeln, Zitronat, Orangeat, Rum, Vanillezucker, abgeriebene Zitronenschale und Salz zum Teig geben und alles gut verkneten.
Diesen mit einem Tuch abgedeckt an einem warmen Ort solange gehen lassen, bis er sich verdoppelt hat.

1 Stollenform
1 EL Butter
2 EL Mehl

Die Stollenform mit der Butter einfetten und mit dem Mehl ausstreuen. Überschüssiges Mehl durch Stürzen der Form entfernen.
Den aufgegangenen Teig erneut durchkneten, ihn danach in die Stollenform legen und zugedeckt etwa 30 Minuten gehen lassen, bis der Teig die Form bis zu ¾ ausfüllt. Den Stollen im auf 170°C vorgeheizten Ofen 45 Minuten backen. Anschließend die Form abheben und den Stollen ohne Form etwa 30 Minuten bei der gleichen Temperatur weiterbacken.

100 g Butter, flüssig
100 g Puderzucker
1 TL gemahlener Piment
Klarsichtfolie

Den fertiggebackenen Stollen aus dem Ofen nehmen und sofort mit der flüssigen Butter einpinseln. Sobald die Butter vom Stollen aufgesogen ist, ihn erneut bestreichen, bis alle Butter verbraucht ist.
Den Puderzucker sieben und mit dem Piment mischen. Den Stollen dick damit bestäuben und danach auskühlen lassen.
Ihn anschließend in Klarsichtfolie einschlagen und 2 bis 4 Wochen ruhen lassen.

Rezeptverzeichnis

- Apfelpfannkuchen, karamelisierter 121

- Beerenfrüchte, angemachte 78
- Bisquittorte mit Joghurt-Limetten-Creme 82
- Blinis 132
- Bohnengemüse 110
- Bratwursttorte mit Sauerkraut und gerösteten Zwiebeln 114
- Brokkoliröschen, gratinierte 60
- Buchteln 78

- Crêpes Suzettes mit Vanilleeisparfait 152
- Crostini mit Bärlauch-Frischkäse 19

- Eisberg-Löwenzahn-Salat, marinierter, mit Shrimps und Parmesan 22
- Ente, gefüllte, mit Rote-Bete-Gemüse und glasierten Maronen 138
- Entenkeulen mit Johannisbeersaft 34
- Erdbeerrosette auf Rhabarberschaum 42

- Fenchel, gedünsteter 112
- Fenchel-Rucola-Salat mit Seezunge 24
- Fetakäse, eingelegter, mit Knoblauchbaguette 59
- Filets von der Maischolle im Kräuterbackteig 38

- Geflügelleber mit Kerbel-Kartoffelpüree und Ahornäpfeln 74
- Geflügel-Saté mit Nuß-Sauce 56
- Gemüse, feines 26
- Gemüsesuppe mit Ingwer und Orange 55
- Gewürzorangensalat 154
- Gewürztraminercreme mit Cassisbirne 116
- Gurken, süß-sauer eingelegte 90

- Haselnußparfait 122
- Haselnußsoufflé mit Kirschragout und Kirschsabayon 80
- Hefeküchlein 62
- Himbeergelee mit Passionsfruchtschaum 84

- Kalbsniere in Senfrahm 40
- Kaninchensülze 90
- Kapaun „steirisch", gefüllter 148
- Kartoffelgratin 146
- Kartoffelknödel 140
- Kartoffelravioli mit Blattsalaten in Nußdressing 70
- Kartoffel-Zucchini-Gratin 76
- Käsekuchen 84
- Käsnockerln mit Krautsalat 104
- Kastaniennudeln, falsche 118
- Kohlrabigemüse 40
- Kräutersuppe, aufgeschlagene 18
- Krautsalat, lauwarmer 100

- Lachsforelle, gebeizte 93
- Lafer's Mohrekopp 150
- Lammschulter, gekochte, mit Zitronen-Kapern-Sauce 110
- Lebkuchenmousse, weiße 151
- Linsengemüse 102

- Maisplätzchen 32
- Mandeleisparfait im Mandelkörbchen 50
- Martinsgans mit herzhaft eingelegten Äpfeln 106
- Mousse au chocolat „Tricolor" 49

- Obstsalat, exotischer, mit Poularde und Scampi 54
- Orangenlikör-Charlotte 46
- Osterlammkeule, geschmorte 26

- Paprikaschoten, gefüllte, mit Rauke-Nudeln 68
- Parfait der Räucherforelle 132
- Pfifferlingsragout 94
- Pilz-Kräuter-Kuchen 94
- Poularde in der Salzkruste 64
- Punschbirne, pochierte 151

▶ **R**atatouille 64
▶ Regenbogenforelle, Mutter Beimers 30
▶ Regenbogenforelle in Grauburgunder 144
▶ Rehmedaillons mit Pilzrahmsauce 134
▶ Rehrückenfilet in Walnußkruste mit Selleriepüree 98
▶ Reibekuchen 92
▶ Rinderessenz mit Steinpilzflädli 126
▶ Rinderfilet Wellington 136
▶ Rostbraten mit zweierlei Zwiebeln überbacken 108
▶ Rote-Bete-Salat 128
▶ Rotkraut 134
▶ Rüblitorte, Schweizer 48

▶ **S**acherwaffeln 154
▶ Salat aus rohem Spargel mit Hähnchenbrust und Basilikumvinaigrette 20
▶ Salate, winterliche, mit Pinienkernen 130
▶ Salat von Kartoffeln und Gurken in Quark-Joghurt-Marinade 38
▶ Sauerbraten 140
▶ Sauerkirschragout mit Vanillesahne 154
▶ Sauerkrautsalat mit Räucherfischen 96
▶ Scampi-Saté mit Mango-Dip 56
▶ Schlosserbuben 122
▶ Schnittlauch-Crème-Fraîche 112
▶ Schokoladenmousse, weiße, mit flambierten Bananen 118
▶ Schwarzwurzelcremesuppe 128
▶ Schweinefilet im Röstimantel 66
▶ Schweinekoteletts, gefüllte 32
▶ Schweinemedaillons im Röstmantel 112
▶ Schweinerücken mit in Portwein eingelegten Pflaumen 100
▶ Schweineschulter, geschmorte 146
▶ Singapurnudeln mit Koriander 34
▶ Sommergemüseplatte mit Estragonsabayon 62
▶ Spinatauflauf 36

▶ **T**ellersülze von Meeresfrüchten 130
▶ Tomaten, gefüllte 58
▶ Topfenpalatschinken 44

▶ **V**ollkorngemüsestrudel mit Schnittlauchsabayon 28

▶ **W**alnußknödel 105
▶ Weihnachtsstollen 156
▶ Wirsingeintopf mit Lamm 142

▶ **Z**anderroulade mit Gurken 72
▶ Zander unter der Kartoffelkruste 102
▶ Zuckerschoten, glasierte 66
▶ Zwetschgenknödel 120
▶ Zwiebelsuppe unter der Sesam-Blätterteighaube 88

Erklärung der Symbole

▶ (gelb) = Vorspeise
▶ (rot) = Hauptspeise
▶ (grau) = Beilage
▶ (blau) = Nachspeise

Im FALKEN Verlag sind viele attraktive Titel rund ums Thema „Essen und Trinken“ erschienen. Fragen Sie Ihren Buchhändler.

BEZUGSQUELLEN FÜR TELLER, GLÄSER UND BESTECK

Die im Buch abgebildeten Teller stammen von den Firmen Hutschenreuther (H) und Arzberg (A):
Seite 18: Dekor „Linea Negra“ (A), Seite 19: Dekor „Linea Negra“ (A), Seite 21: Dekor „Vendome“ (H), Seite 23: Dekor „Catena“ (H), Seite 25: Dekor „Visconti“ (H), Seite 27: Dekor „Form 1382 Classic“ (A), Seite 29: Dekor „Picard Sec.“ (H), Seite 31: Dekor „Galaxy“ (A), Seite 33: Dekor „Galleria“ (H), Seite 35: Dekor „Savona“ (H), Seite 37: Dekor „Galaxy“ (A), Seite 39: Dekor „Novara“ (H), Seite 41: Dekor „Linea Negra“ (A), Seite 43: Dekor „Prestige“ (A), Seite 47: Dekor „Arabesque“ (H), Seite 48: Dekor „Form 1382 Classic“ (A), Seite 49: Dekor „Focus“ (A), Seite 51: Dekor „Royal“ (H), Seite 54: Dekor „Prestige“ (A), Seite 55: Dekor „Prestige“ (A), Seite 57: Dekor „Galaxy“ (A), Seite 58: Dekor „Europe Weiß“ (A), Seite 59: Dekor „Europe Weiß“ (A), Seite 61: Dekor „Focus“ (A), Seite 63: Dekor „Form 1382 Classic“ (A), Seite 65: Dekor „Midi“ (H), Seite 67: Dekor „Linea Negra“ (A), Seite 69: Dekor „Prestige“ (A), Seite 71: Dekor „Midi“ (H), Seite 73: Dekor „Novara“ (H), Seite 75: Dekor „Focus“ (A), Seite 77: Dekor „Focus“ (A), Seite 79: Dekor „Arabesque“ (H), Seite 81: Dekor „Domaine“ (H), Seite 83: Dekor „Visconti“ (H), Seite 85: Dekor „Pirouette“ (H), Seite 89: Dekor „Visconti“ (H), Seite 91: Dekor „Novara“ (H), Seite 92: Dekor „Concorde“ (H), Seite 93: Dekor „Galleria“ (H), Seite 95: Dekor „Octavia“ (H), Seite 97: Dekor „Linea Negra“ (A), Seite 99: Dekor „Novara“ (H), Seite 101: Dekor „Form 1382 Weiß“ (A), Seite 103: Dekor „Linea Negra“ (A), Seite 104: Dekor „Domaine“ (H), Seite 105: Dekor „Domaine“ (H), Seite 107: Dekor „Visconti“ (H), Seite 109: Dekor „Form 1382 Weiß“ (A), Seite 111: Dekor „Novara“ (H), Seite 113: Dekor „Novara“ (H), Seite 115: Dekor „Chevalier“ (H), Seite 117: Dekor „Savona“ (H), Seite 119: Dekor „Picard Sec.“ (H), Seite 120: Dekor „Savona“ (H), Seite 121: Dekor „Savona“ (H), Seite 123: Dekor „Linea Negra“ (A), Seite 127: Dekor „Galleria“ (H), Seite 129: Dekor „Catena“ (H), Seite 131: Dekor „Livorno“ (H), Seite 133: Dekor „Galaxy“ (A), Seite 135: Dekor „Novara“ (H), Seite 137: Dekor „Octavia“ (H), Seite 139: Dekor „Chevalier“ (H), Seite 141: Dekor „Chevalier“ (H), Seite 143: Dekor „Livorno“ (H), Seite 145: Dekor „Linea Negra“ (A), Seite 147: Dekor „Galleria“ (H), Seite 149: Dekor „Linea Negra“ (A), Seite 150: Dekor „Form 1382 Weiß“ (A), Seite 151: Dekor „Form 1382 Weiß“ (A), Seite 153: Dekor „Domaine“ (H), Seite 155: Dekor „Linea Negra“ (A), Seite 157: Dekor „Europe Weiß“ (A) und Dekor „Sternennacht“ (A).

Die im Buch abgebildeten Gläser stammen von der Firma Theresienthal: Seite 21: Serie „Graziella Gold“, Seite 27: Serie „Connaisseur Glatt“, Seite 63: Serie „Azzurro“, Seite 99: Serie „Gondola Glatt“, Seite 113: Serie „Paris“, Seite 135: Serie „Connaisseur Glatt“, Seite 137: Serie „Connaisseur Glatt“, Seite 141: Serie „Paris“, Seite 145: Serie „Paris“.

Das im Buch abgebildete Besteck stammt von der Firma WMF:
Seite 21: Modell „Odéon“, Seite 23: Modell „Premiere“, Seite 25: Modell „Odéon“, Seite 27: Modell „Saga“, Seite 29: Modell „Montana“, Seite 33: Modell „Montana“, Seite 35: Modell „Colonna“, Seite 37: Modell „Premiere“, Seite 39: Modell „Atlanta“, Seite 41: Modell „Montana“, Seite 47: Modell „Futura“, Seite 48: Modell „Taika“, Seite 49: Modell „Taika“, Seite 54: Modell „Balance“, Seite 59: Modell „Balance“, Seite 63: Modell „Taika“, Seite 69: Modell „Lambris“, Seite 71: Modell „Taika“, Seite 77: Modell „Colonna“, Seite 79: Modell „Taika“, Seite 81: Modell „Futura“, Seite 83: Modell „Futura“, Seite 85: Modell „Futura“, Seite 89: Modell „Odéon“, Seite 91: Modell „Balance“, Seite 92: Modell „Atlanta“, Seite 95: Modell „Sächsisches Hofmuster“, Seite 97: Modell „Taika“, Seite 99: Modell „Odéon“, Seite 104: Modell „Chippendale“, Seite 105: Modell „Chippendale“, Seite 107: Modell „Odéon“, Seite 109: Modell „Premiere“, Seite 111: Modell „Saga“, Seite 113: Modell „Odéon“, Seite 115: Modell „Englische Rose“, Seite 117: Modell „Taika“, Seite 119: Modell „Taika“, Seite 120: Modell „Taika“, Seite 123: Modell „Taika“, Seite 127: Modell „Saga“, Seite 129: Modell „Atlanta“, Seite 131: Modell „Saga“, Seite 133: Modell „Colonna“, Seite 135: Modell „Odéon“, Seite 137: Modell „Colonna“, Seite 139: Modell „Fächer“, Seite 141: Modell „Odéon“, Seite 143: Modell „Sächsisches Hofmuster“, Seite 147: Modell „Lambris“, Seite 150: Modell „Taika“, Seite 153: Modell „Taika“.

Der Verlag dankt den Firmen AEG Haushaltsgeräte GmbH in Nürnberg, Porzellanfabriken Hutschenreuther in Selb und WMF Aktiengesellschaft in Geislingen/Steige für die freundliche Unterstützung.

Dieses Buch wurde auf chlorfrei gebleichtem und säurefreiem Papier gedruckt.

ISBN 3 8068 4848 3

Umschlaggestaltung: Peter Udo Pinzer
Layout: Horst Bachmann
Gestaltung und Herstellung: Sabine Vogt
Redaktion: Lore Pötz
Redaktion der Nachauflage: Tanja Schindler
Titelbild: TLC-Foto-Studio GmbH, Velen-Ramsdorf (Gemüse) und Johann Lafer, Stromberg (Kochszene)
Fotos: Fotoatelier Horst Bernhardt, Hardheim: Seite 136; **Werner Feldmann,** Bodenheim: Seite 9, 10 o., 30; **Gisela Kelbert,** Idstein: Seite 4 u., 5, 20 (Spargel), 52/53, 86/87, 124/125; **AEG / Klocke Verlag,** Bielefeld: Seite 13; **Johann Lafer,** Stromberg: Seite 3 o., 6, 14, 15 und alle Fotos mit Johann Lafer bei den Tips im Rezeptteil; **Save-Bild,** Augsburg: Seite 4 o., 16/17; **WMF Aktiengesellschaft,** Geislingen/Steige: Seite 8, 10 u., 11, 12; **FALKEN Archiv: Anschlag & Goldmann Photodesign:** Seite 106 / **Michael Brauner Food-Fotografie:** Seite 28, 36, 40, 80, 114 / **Christel und Wolfgang Feiler Fotostudio:** Seite 64, 72, 76, 82, 126 / **Ulrich Kopp:** Seite 42, 88 / **Studio Edith Gerlach:** Seite 60 / **Studio R. Schmitz:** Seite 34, 130, 142 / **TLC-Foto-Studio GmbH:** Seite 2/3, 96, 110, 116, 128, 134, 144, 148, 156;
alle übrigen Fotos: **TLC-Foto-Studio GmbH,** Velen-Ramsdorf

Satz: FALKEN Verlag, Niedernhausen/Ts.
Druck: Ernst Uhl, Radolfzell

11484895x161 514 131 211 109 8